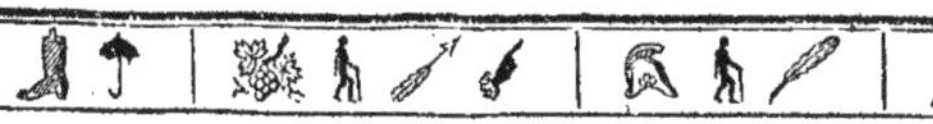

LES

HIÉROGLYPHES FRANÇAIS,

OU

MÉTHODE FIGURATIVE

APPLIQUÉE A L'INSTRUCTION PRIMAIRE;

CONTENANT EN OUTRE :

1° un Essai sur la Prononciation des Langues étrangères; 2° la plus simple des Sténographies; 3° un nouveau système de Blason; 4° l'Art d'Écrire avec des Points, et de transmettre la Pensée par la seule indication de quelques Hiéroglyphes.

PAR C. CHESNIER-D.

PARIS,

LIBRAIRIE ENCYCLOPÉDIQUE DE RORET, RUE HAUTEFEUILLE, 10 BIS.

1843.

1

LES

HIÉROGLYPHES FRANÇAIS,

OU

MÉTHODE FIGURATIVE

APPLIQUÉE A L'INSTRUCTION PRIMAIRE;

CONTENANT EN OUTRE :

1° un Essai sur la Prononciation des Langues étrangères; 2° la plus simple des Sténographies; 3° un nouveau système de Blason; 4° l'Art d'Ecrire avec des Points, et de transmettre la Pensée par la seule indication de quelques Hiéroglyphes.

PAR C. CHESNIER-D.

PARIS,

LIBRAIRIE ENCYCLOPÉDIQUE DE RORET, RUE HAUTEFEUILLE, 10 BIS.

1843.

LES HIEROGLYPHES FRANÇAIS

EX MYSTICIS ÆGYPTIORUM LITTERIS.

.........Potens egenis, qui queat
Signis.........clarare tenebrosa.

Symb. CXIV Achillis Bocchii

Monot Ad. — *Dijon, lith. de Douillier*

A Monsieur Charles Nodier.

Monsieur,

C'était à vous, le savant auteur de la Linguistique et le plus érudit de nos philologues, qu'appartenait l'hommage de ce livre.

Dire au public que vous avez bien voulu l'accueillir, c'est lui apprendre que j'ai plus que jamais l'espoir d'atteindre mon but, qui est, vous le savez, d'arracher à l'enseignement de la lecture ses plus rudes épines, et de faciliter l'étude de la prononciation des langues, par la mise en pratique d'une idée égyptienne toute rudimentaire.

Quel que soit le résultat de cet essai, j'ai déjà trouvé dans votre bienveillante approbation l'encouragement le plus flatteur à des efforts inspirés par la seule philanthropie.

Veuillez donc agréer l'expression de ma vive gratitude, et des sentiments respectueux avec lesquels je suis,

Monsieur,

Votre très-humble et très-obéissant Serviteur,

Chesnier-Duchesne.

PARIS, le 24 décembre 1843.

PRÉFACE.

> Vestra vero quæ dicitur vita, mors est.
>
> CICÉRON.

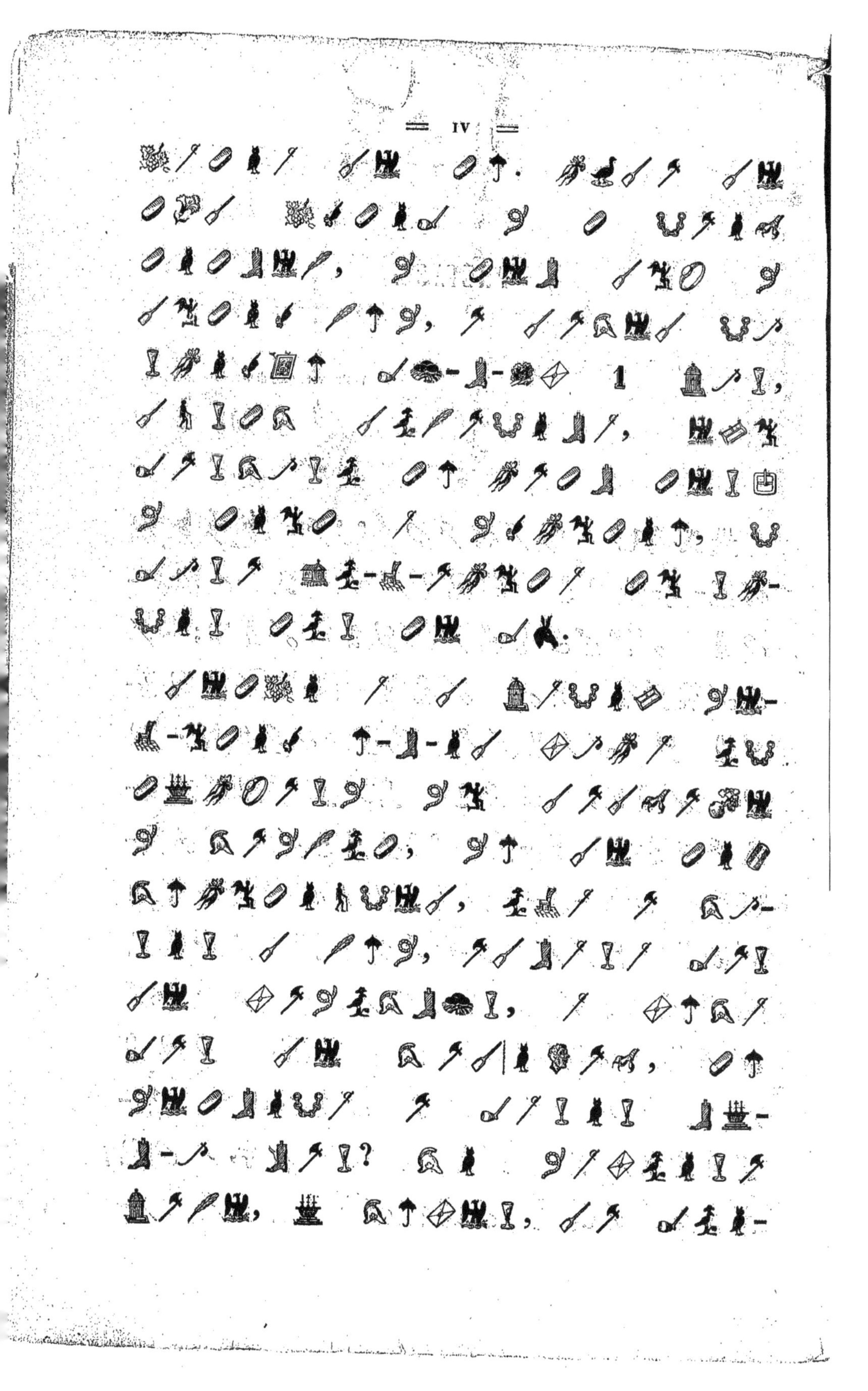

1

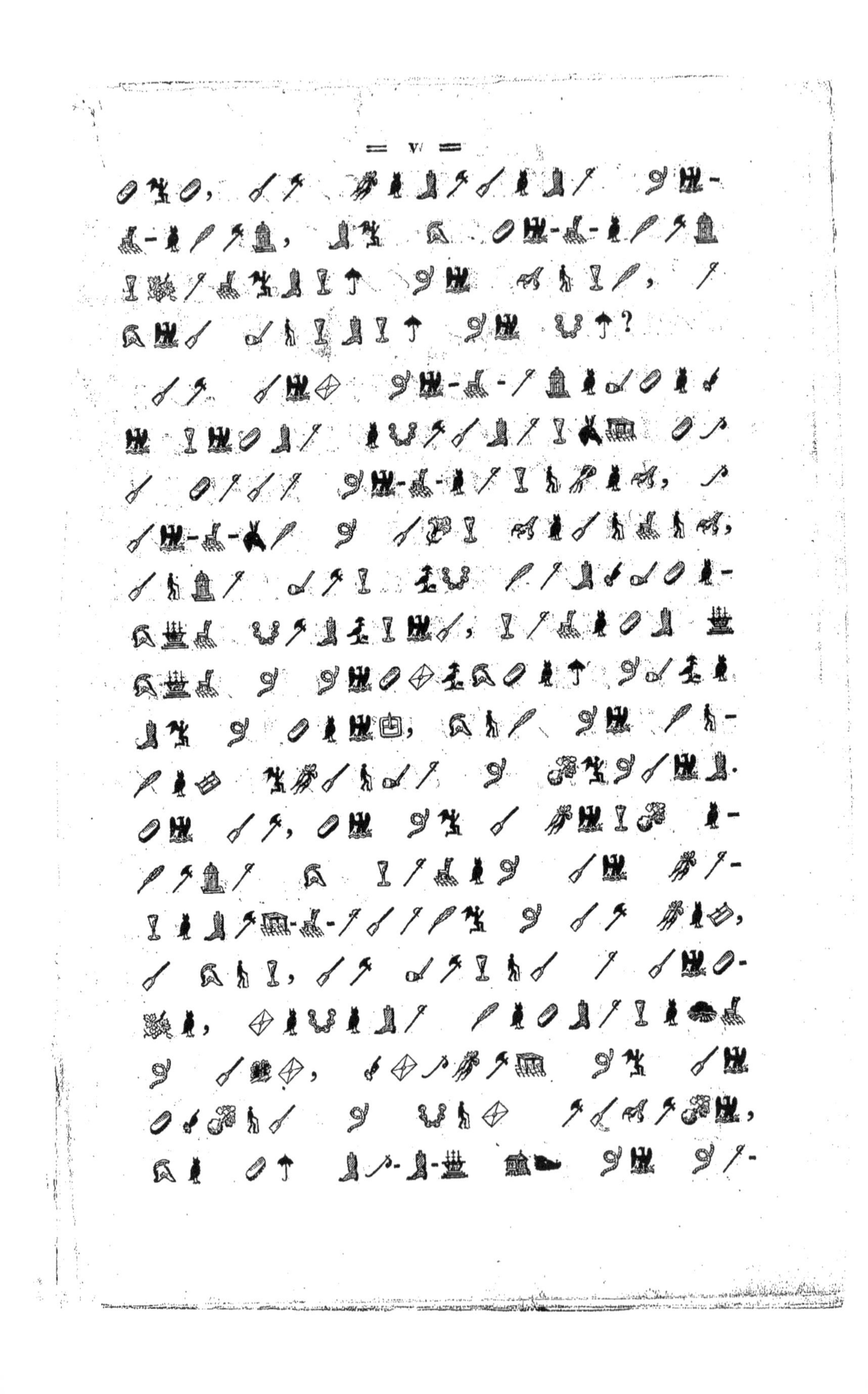

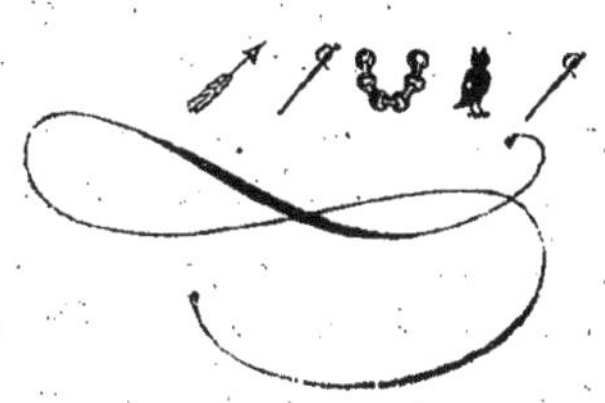

INTRODUCTION.

De tout temps les hommes ont cherché
à seconder leurs facultés intellectuelles
par le secours des symboles.
CONDILLAC.

Le titre seul de cet ouvrage pourrait tenir lieu d'introduction : car il fait assez bien entendre qu'il s'agit d'une méthode égyptienne francisée. Mais, de peur que le mot *hiéroglyphe* n'alarme certains lecteurs, je m'empresse de déclarer que cet opuscule ne contient aucune recherche ou citation scientifique, aucune interprétation d'hiéroglyphes, pas même une imitation du genre allégorique et complexe que l'on a coutume de leur attribuer.

On n'y verra qu'une simple transformation de signes, une écriture composée de symboles nominaux avec des formes parlantes ; de naïves images du grand livre des ignorants, que la science aime parfois à feuilleter pour se distraire. Loin donc de nous occuper des emblèmes qui pourraient être l'ame des hiéroglyphes, nous ne traiterons que des éléments visibles qui en sont assurément le corps.

Ils ne peuvent être considérés qu'à l'état de mort ; mais on ne saurait se défendre d'un sentiment de respect en y voyant la dépouille mortelle de la lettre primitive ; et c'est honorer la lettre française que de la transformer en hiéroglyphes ; c'est lui donner une nouvelle vie, que de la faire ressembler à ces illustres morts.

Un peuple qui a parcouru une brillante carrière de civilisation, comme l'a fait l'Egypte, ne saurait avoir employé pendant tant de siècles une écriture impuissante à transmettre directement la parole, ou qui fût toute composée de symboles dont le secret fût demeuré impénétrable à la généralité des habitants du pays.

Croyons plutôt que nous avons pris trop au mystérieux des caractères phonétiques, simples comme la nature à laquelle ils étaient empruntés : répandus sur les murailles, exposés aux regards de tous, ils devaient être écrits pour tous. C'est peut être le seul enseignement qui pouvait d'abord être donné à ces masses d'agriculteurs, de bergers, d'artisans, si entièrement absorbés par leurs pénibles travaux, et le meilleur moyen que la théocratie pût employer pour faire avec des inscriptions publiques une propagande religieuse et politique favorable à tout despotisme qui aurait voulu s'en servir.

Quel vaste plan d'instruction primaire! Des signes célestes, des animaux, des produits du sol, les instruments des arts, voilà les lettres vraiment sacrées de cet alphabet qui renfermait la création; et toutes ces lettres, reconnaissables par leurs formes, distinctes par leurs noms, réunies en un grand syllabaire, déroulaient aux yeux des passants d'excellentes maximes de morale et de philosophie, sous la forme sentencieuse, le plus digne des langages. Et pour lire ces écrits admirables, il ne fallait d'autre mémoire que celle des yeux, d'autre connaissance que celle du nom des êtres et des choses qui tombaient aisément sous les sens, tant ils étaient bien nommés.

Non, les hiéroglyphes ne devaient pas être mystérieux, quoiqu'ils formulassent des mystères. C'eût été le cachet de l'ignorance et de la barbarie. Et cependant, quelle nation fut au contraire plus policée? quel peuple fut plus ingénieux? Moyse y aurait-il puisé une partie de sa profonde sagesse, Pythagore et Platon leurs doctrines célèbres, Solon et Lycurgue leurs excellentes lois? Hésiode, Homère, Hérodote, seraient-ils revenus pleins d'admiration et de science d'un pays de barbares? L'Egypte, enfin, eût-elle été l'école des peuples et le berceau des beaux arts?

Ne serait-ce pas réhabiliter la mémoire de ce grand peuple sous le rapport intelligentiel, que de proclamer l'ancienne vulgarité des hiéroglyphes, et en même temps expliquer, à l'avantage de la science moderne, pourquoi leur traduction véritable est encore à l'état de problème? Car s'ils sont phonétiques, c'est-à-dire composés de signes exprimant l'idiome parlé; s'il est vrai que nous ayons pris jusqu'à ce jour des lettres pour des allégories, il ne faut pas chercher de nouveaux Œdipes à la surface de la terre, mais bien au-dessous, c'est-à-dire dans quelques boîtes de cèdre, dans quelque tombeau, d'où surgirait non pas la momie d'un savant, mais seulement celle du plus ignorant des pâtres égyptiens, pourvu qu'il eût conservé la prononciation de ces temps.

On voit, d'après cette supposition, que l'explication de ces énigmes peintes serait rendue possible par une résurrection, phénomène dont la croyance faisait le bonheur des peuples primitifs. C'est d'un dogme égyptien que Platon a tiré sa fameuse période de seize mille ans, après laquelle tout retournait à son état primordial. La fertile Egypte, impatiente de renaissance, l'avait fixée à trois mille ans; et c'est moins par orgueil que cette nation pieuse construisait pour la postérité, que par l'intuition secrète de sa réapparition sur la terre. Ses monuments religieux; ses palais de la mort, salles d'attente d'une autre vie; ses pyramides, ses temples, étaient autant de digues qu'elle jetait entre elle et le néant. Persuadée qu'elle reverrait un jour ses œuvres gigantesques, elle y gravait partout son histoire mémorable, l'esprit de sa doctrine, l'ame de son culte et l'écho de sa parole, qui s'est exhalée avec le dernier soupir des vieux Egyptiens.

Tertullien a dit : Ce qui est vrai, c'est ce qui était avant tout le » reste; ce qui était avant tout le reste, c'est ce qui a été dès le com- » mencement. »

Or, ce qui était vrai dans le principe, ne pouvait être enveloppé de mystères. La parole, manifestation de la vérité, devait avoir à sa disposition des agents simples comme elle; et malgré la brillante imagination des peuples primitifs, leur goût pour les fictions et les métaphores, ils ont dû se créer de tout temps un langage réel qui s'adressât à l'intelligence par l'oreille et les yeux.

Toutefois, sans remettre en question une chose jugée par la science, ni prétendre déterminer le rôle qu'ont joué les hiéroglyphes dans l'écriture primitive, dont les signes représentaient la forme des choses, l'auteur de cette méthode a essayé de juger par induction ce qui a été fait, en partant de ce que l'on peut faire, et de montrer qu'aucune nation ne mérite plus nos respects que cette vieille Egypte, si l'ancienneté, l'esprit d'invention, l'ingénieux emploi des images, ses dogmes sublimes, sont des titres à l'estime de la postérité. C'est de l'Egypte que nous vient, avec les hiéroglyphes, le dogme le plus consolant pour l'humanité, l'espoir d'une autre vie; la philosophie, la religion ancienne, la morale, les sciences, et tant de belles inventions que l'on invente encore de nos jours, comme dit Charles Nodier. Cette méthode elle-même ne doit être considérée que comme une interprétation du codicille égyptien. Ce ne sont point des machines savantes qu'il nous lègue, mais le moyen d'en construire de semblables. Ce n'est pas non plus l'or enfoui dans des mines étrangères qu'il fait passer chez nous, mais le secret d'exploiter les nôtres. Ces figures naturelles, avec d'autres noms plus rationnels, deviendront peut-être les lettres radicales d'une nouvelle langue écrite et parlée, qui, devenue vulgaire parmi les nations, pourrait peut-être les réunir un jour sous un même langage, au moyen de l'alphabet universel, rêve de tant de célébrités.

Mais avant la réalisation de cette brillante utopie, les hiéroglyphes français ont une mission plus humble et non moins utile à remplir, celle d'abréger la pénible étude de la lecture, et de se faire les guides assurés de toute prononciation. Rien ensuite ne les empêchera, malgré la modestie de ce rôle pédagogique, d'en remplir de supérieurs : car, images primitives devenues lettres, ces lettres hiéroglyphiques n'en resteront pas moins toujours images, et à ce titre leur place est dans toutes les compositions des beaux arts où ils peuvent parler à l'oreille en même temps qu'aux yeux. Qui leur ôtera cette puissance de tout symbole, de tout portrait, sur la mémoire et l'imagination?

Simples contours écrits, peints, gravés, ne semblent-ils pas s'agiter, courir, voler? Ne croit-on pas les entendre parler? Et dans leur langue inouïe, avec leurs ailes rapides, lorsqu'ils s'élancent de notre petit monde positif dans celui des fictions, ne laissent-ils pas bien loin derrière eux toutes les tachygraphies boiteuses, les lourds télégraphes, les phrases impuissantes? Car alors ils ne se bornent plus à représenter les actions, à traduire la parole; ils sténographient la pensée.

Le système qui peut employer un pareil alphabet à tant d'usages différents, au moyen d'une seule règle expliquée en quelques mots; un tel système, dis-je, tout empreint de sa vertu native, accordant le langage progressif avec l'écriture stationnaire, s'élevant au symbolisme le plus subtil pour descendre à l'épellation la plus élémentaire, ne prouve-t-il pas qu'il est fait pour tous les temps, qu'il est digne de s'associer à toutes les intelligences, et que son application ne saurait avoir que d'excellents résultats?

Il m'a fallu cette conviction profonde, et tout l'attrait d'une théorie offrant unité de principe et simplicité d'exécution, pour accomplir un acte de témérité inqualifiable s'il n'atteignait le but.

C'est à peine si l'on est parvenu à déchiffrer quelques phrases d'hiéroglyphes, j'y ai trouvé un tableau de prononciation française. Peu de savants osent encore se flatter d'articuler avec certitude les lettres de ce difficile grimoire, j'en ai formé un abécédaire pour les enfants.

DEMONSTRATION.

> Le signe rationnel est celui qui réveille l'idée du son par une analogie visuelle, et qu'on pourrait appeler son rébus, son hiéroglyphe.
>
> CHARLES NODIER.

Celui qui le premier osa représenter la parole avec des signes arbitraires, fut assurément un puissant génie; mais, ainsi que Pierre-le-Grand, il fit du despotisme dans l'intérêt de la civilisation.

Après avoir combiné des lignes capricieuses en les groupant, il dit : Voilà un A, voilà un B, et il fallut se soumettre à cet indicateur sans en chercher la raison. Celui qui se servit d'images pour transmettre la pensée, n'imposa sa volonté à personne, et ne fit rien d'arbitraire; car il suffisait de voir ces images pour les nommer, et de les nommer pour lire.

Qu'importaient leur nombre et la variété de leurs formes, si elles étaient toutes reconnaissables et ne pouvaient se confondre dans ce vocabulaire ingénieux des peuples primitifs. Et quand plus tard la civilisation étendit ce langage, ces mêmes images n'ont-elles pas pu servir d'analyse aux éléments de la parole, par la simple décomposition de leurs noms, et représenter des syllabes ou des lettres (1), en convenant que chaque figure n'aurait plus dans l'écriture que la valeur initiale du nom qui servait à l'exprimer?

Au moyen de ce morcellement fictif, les hiéroglyphes, signes physiques, pouvaient donc former tous les mots, êtres métaphysiques, traduire des sons avec des symboles, et constituer ainsi une écriture radicale qui n'avait d'autre défaut que d'être surabondante dans les signes; car elle offrait constamment le tout (la figure), pour la partie (la valeur du son): métonymie inverse de celle des sigles ou lettres initiales, qui ne présentent qu'une partie pour le tout, telles que les abréviations romaines S. P. Q. R., etc.; les abréviations algébriques *e*, *p*, *t*, etc.; les maçoniques J. B.; et les épistolaires R. S. V. P., etc.;

(1) Voici comment, suivant Champollion, l'Egypte procéda pour la détermination des signes phonétiques : « Après avoir analysé les syllabes du langage et en avoir dé- » composé les sons jusqu'aux plus simples éléments qui sont les lettres, il fut décidé » que la figure d'un objet dont le nom, dans la langue parlée, commencerait par la » voix *a*, serait dans l'écriture le caractère A; la figure dont le nom commencerait » par *b*, serait le caractère B; et ainsi de suite. » Dans l'écriture phonétique, l'aigle, qui se nommait *Ahom* en Egyptien, devint donc la lettre A; une cassolette, *Berbe*, la lettre B; une main *Tot*, le T et le D; une hache, *Kelebin*, le K et le C dur; un lion couché, *Labo*, le L; un hibou, *Moutadj*, le M; une bouche *Rô*, le R, etc., etc.

toutes formes très-expéditives, savantes, mais sujettes à beaucoup d'équivoques, puisqu'il faut s'évertuer à la recherche de l'inconnu; tandis qu'avec le mode égyptien il n'y avait qu'à supprimer une fraction du connu. C'est ainsi que les latins (1) ont formé substantivement *cadaver* de CA DA VER en retranchant les finales, comme nous
ro ta mibus
avons extrait ancêtre de *ancien être*, Piémont de *Pied des Monts*, et comme nous formerions de même tout autre mot avec les radicaux distincts de nos trente mille mots.

Il en devait être ainsi de l'écriture figurative composée d'images qui frappent les yeux et la mémoire, en même temps que leurs noms réveillent l'idée du son initial ou final qu'on est convenu de choisir. Voilà tout le mécanisme des hiéroglyphes, et les éléments de mon alphabet rationnel calqué sur le syllabaire égyptien.

Cet alphabet n'a que 55 signes; mais il pourrait en renfermer un plus grand nombre sans exiger plus d'étude ni de mémoire; car, en considérant la césure naturelle des mots, non pour l'œil mais pour l'oreille, la méthode se réduit à cet aphorisme :

« Tout être ou toute chose a un nom : ce nom a un commencement » et une fin : c'est-ce *commencement* où cette *fin* qui exprime la valeur » phonétique. »

Il ne reste donc plus qu'à distinguer les images initiales des finales; et c'est ce que fera la planche ci-contre, mieux que toute explication, en montrant les hiéroglyphes *noirs* placés à gauche, c'est-à-dire au *commencement*, et les hiéroglyphes *blancs* à droite, c'est-à-dire à la *fin*. Les premiers sont les voyelles, qui forcent à ouvrir la bouche pour commencer la parole; les derniers sont les consonnes, pour lesquelles il faut au contraire fermer la bouche en finissant la parole. Voilà pour l'ordre visuel et le mécanisme du langage. Et s'il fallait aider la mémoire par quelque analogie directe ou indirecte, ne trouverait-on pas dans le principe même de la création que la nuit ou le *noir* était au *commencement?* car sans cela il n'y aurait pas eu de premier jour. En se rappelant aussi le fameux *Post tenebras lux,* qui place la lumière ou le *blanc* à la *fin.*

N'est-ce pas par la voyelle que l'homme a commencé, et qu'il commence toujours à parler? La consonne est venue ensuite, pour perfectionner et finir le langage, qui, sans elle, ne serait qu'un cri. Il ne manque donc pas de moyens mnémoniques pour ceux qui raisonnent; et le *noir* et le *blanc* parlent un langage assez clair à ceux qui ne raisonnent pas.

(1) Suivant Xavier de Maistre.

MÉCANISME

Lecture Élémentaire. Indiquer avec un Style, chaque Cercle où se trouve la Lettre en l'énonçant et la faisant énoncer par l'Élève, à haute voix. Tout ce qui est en dehors des Cercles, doit être prononcé très bas.

Dès que l'Élève connaît bien cet Alphabet, on lui enseigne à réunir en une seule voix les Hiéroglyphes de la lecture courante; puis on vérifie ses progrès, en le faisant lire sans le secours des images.

Langues Étrangères. S'exercer d'abord à lire les Hiéroglyphes du texte français, puis appliquer ces valeurs connues, aux langues dont on veut apprendre la prononciation.

Sténogra. Ne s'occuper dans cette écriture, que des sons et non de l'Orthographe. Former les mots avec les consonnes, les voyelles devant être superposées après coup, excepté quand elles sont finales, et alors elles se lient aux consonnes. Les signes usuels de ponctuation sont blancs. [illegible] etc.

Principes d'Écriture. L'Élève construira la lettre sur un papier très mince placé sur le transparent, et après quelques exercices il copiera des mots formés sur le Régulateur. Il observera alors, de lier toutes ses lettres, de laisser entre chacune l'intervalle d'une ellipse, de ne point appuyer sur sa plume quand elle s'éloigne de lui, et d'appuyer au contraire lorsqu'elle s'en rapproche.

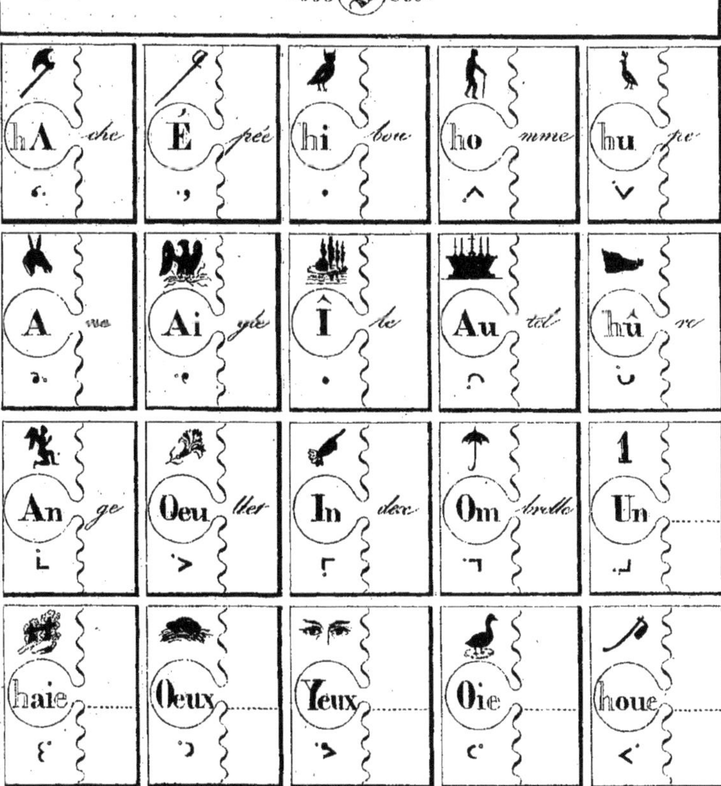

Pl. 2

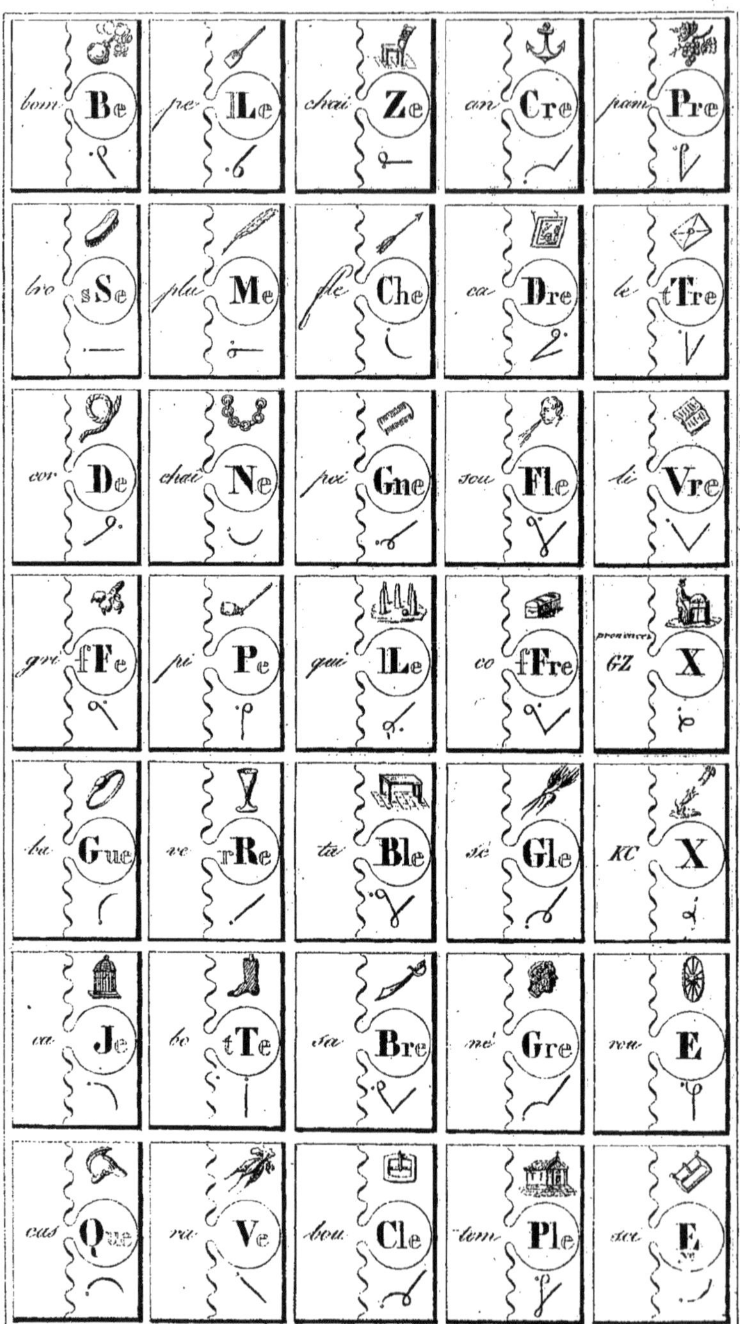

bom Be
pe lLe
chai Ze
an Cre
pam Pre
bro sSe
plu Me
flè Che
ca Dre
le tTre
cor De
chai Ne
poi Gne
sou Fle
li Vre
gri fFe
pi Pe
qui lLe
co fFre
provinces GZ X
ba Gue
ve rRe
ta Ble
sé Gle
KC X
ca Je
bo tTe
sa Bre
mé Gre
rou E
cas Que
ra Ve
bou Cle
tem Ple
sci E

Je n'ai, du reste, insisté sur cette importante distinction des voyelles et des consonnes, que parce qu'elle fait la base de mon système, qu'elle conduit merveilleusement à la lecture par un espèce d'automatisme, et dispense le maître de donner la phonation de la lettre; car si l'élève n'énonce pas bien la valeur de l'hiéroglyphe, ou qu'il l'oublie, il suffit de lui faire ces questions : *Comment s'appelle-t-il?* (s'il ne sait pas ce nom, le lui dire). — *Est-il noir, ou blanc?* (et cette appréciation grossière est toujours faite); alors l'initiale ou la finale est trouvée, et l'enfant s'en souvient d'autant mieux qu'il a fait cette découverte de lui-même. Demandez à cet illettré quel est le commencement de son nom : s'il s'appelle *André*, par exemple, hésitera-t-il à dire AN; et à cet autre, qui se nomme *Charles*, quelle est la fin du sien, il dira LE imperturbablement. Voilà tout ce que l'on attend de l'intelligence, tout ce que l'on exige du professeur, qui n'a besoin ni de philosophie ni de science, pas même de patience, pour diriger un pareil enseignement; puisque après quelques leçons préliminaires il peut abandonner son élève, lui imposer une tâche, et le laisser s'évertuer seul au déchiffrement de la lettre, dont l'hiéroglyphe sera toujours l'interprète et la raison *quand même*, chaque fois que l'on voudra le consulter.

C'est ce mécanisme qui a manqué à toutes les méthodes, avec lesquelles d'ailleurs chacun enseignait à sa manière l'énonciation, la césure des mots et l'accentuation. Ici le professeur n'est plus que le fidèle répétiteur de la voix, des leçons du maître, qui tient sa chaire au centre de la capitale, au sein des meilleures sociétés; de cet orateur qu'on nomme l'usage, et dont les arrêts sont toujours sans appel.

L'épellation est dans la nature, et toute méthode naturelle doit la conserver. C'est par-là que l'enfant procède toujours : car il a bégayé long-temps *m'—a m'—an* avant de prononcer ce nom chéri. On doit lui apprendre à lire la parole écrite comme il a appris à parler la pensée, et ne pas rejeter un principe consacré par tant de siècles pour quelques rares exceptions intellectuelles. Il faut que l'enseignement primaire soit une lice ouverte à tous avec des conditions égales, et que, tout en partant chacun du même point, les meilleurs coureurs obtiennent la victoire. Qui peut, d'ailleurs, arrêter l'élève progressif? La lettre, la syllabe et le mot sont à sa disposition : qu'il fasse de la synthèse s'il veut; mais qu'il prouve en même temps par l'analyse qu'il ne sait pas ce mot par cœur, et qu'il en connaît tous les éléments. Ce n'est pas un abécédaire qu'il tient entre ses mains; mais un livre où il ne voit plus que des figures riantes, des corps pleins de vie, et non des ossements jetés çà et là comme dans nos rebutants syllabaires, qui ressemblent à des charniers. « Tout mot est un portrait, » a dit Court de Gebelin :

il faut donc le laisser entier comme son modèle, pour que l'on puisse le reconnaître; mais il faut indiquer en même temps toutes ses parties constitutives afin de pouvoir l'analyser.

C'est ce que les hiéroglyphes ont fait, d'abord en distinguant par *blanc* et *noir* les consonnes et les voyelles, qui sont pêle-mêle sous nos yeux dans l'écriture; puis en les superposant pour faire de chaque syllabe un jalon indicateur. Otez à ces signes leurs facultés mnémoniques et parlantes : ils seront encore des êtres de raison infiniment supérieurs aux lettres usitées; et si l'on pouvait changer quelque chose à ces dernières, elles seraient bientôt ordonnées comme les hiéroglyphes. Pas un signe inutile, pas un signe impuissant : ils contiennent, sous une forme simple, indivisible, tous les éléments simples de la voix, le son et l'articulation. Jamais d'équivoque pour l'œil ni l'oreille; et, véritables caractères représentatifs de la parole, ils réduisent le rude apprentissage de la lecture à la seule connaissance de leur alphabet.

Que sait l'élève avec nos 24 lettres d'une incomplète série dont on a peut-être voulu caractériser la lourde et pénible étude en l'appelant la *croix de par Dieu?* Lui ont-elles appris les règles du C, du G, du S, du T, etc.; les déguisements du X; les cas où l'E s'accentue quoiqu'il soit sans accent; ceux où des groupes de signes n'expriment qu'un son, où d'autres groupes très-sonores n'en ont aucun? Peuvent-elles lui expliquer enfin pourquoi, quand et comment tant de lettres changent de sons sans changer de formes, ou de formes sans changer de sons? Il faudrait un volume pour expliquer une page, et alors on n'oserait plus lire la page. Eh bien! en moins de temps qu'il n'en faut pour apprendre ces 24 lettres, l'élève saura le nom et le jeu des 55 images; il épellera syllabera, lira avec elles; et ce sont toujours elles qui lui rabâcheront : Ceci est A, ceci est Be; voilà la consonne, la voyelle, la syllabe, la diphthongue, le mot. Il verra tout cela du premier coup d'œil; et si quelque intonation discordante échappait à sa langue; l'oreille, avertie par la mémoire du nom prototype, s'empresserait d'accorder la voix.

Il vaudrait mieux assurément pour que les hiéroglyphes fussent monogrammatiques, c'est-à-dire des unités de sons comme ils sont des unités de formes; car alors il ne faudrait rien en retrancher. La faute en est peut-être à ceux qui ont fait les langues; car s'ils s'étaient avisés de donner le nom des lettres à certains objets usuels, en appelant celui-ci A, celui-là B, cet autre C, nous possèderions un meilleur alphabet; mais puisqu'il n'en est pas ainsi, et que d'ailleurs il est impossible de l'inventer, il y a donc nécessité de recourir au stratagème égyptien. Je dis nécessité, parce que, malgré l'importance des améliorations réclamées par l'enseignement primaire, ce n'est pas encore là qu'est le mal le plus grand. On se souvient à peine des tribulations du jeune âge, et toutes les méthodes élémentaires mènent au but par un chemin plus ou moins long. Mais si l'on oublie un instant les intérêts de l'enfance, c'est pour s'occuper encore de son avenir, dans l'avenir de la langue française menacée par des réformateurs. Ils entraînent peu à peu dans leur parti quelques ignorants, les paresseux qui se soucient peu de lire, les étrangers qui sont impatients de nous lire; et déjà, nouveaux Tarquins, ils désignent avec leurs baguettes les têtes à retrancher. Venons au secours de ces illustres proscrits, de cette aristocratie de la science, de peur qu'elle n'ait le sort des Gabiens: car, après avoir retranché les uns, corrompu les autres, cette pauvre république des lettres finirait par tomber sans coup férir au pouvoir des usurpateurs qui viennent toujours au nom de l'ordre s'emparer d'un pays. Le désordre, car il existe, est cependant assez ancien pour que nous ayons pu nous y habituer : déjà au beau siècle de la littérature grecque, Lucien se plaignait avec amertume, dans son *Jugement des voyelles,* de la variation de certaines lettres surtout des spoliations du T, qu'il stigmatise plaisamment du nom de double potence; et, pour montrer la confusion qui résulterait du moindre changement dans les mots, il métamorphose le grand Cyrus en fromage par la seule substitution du T au K. Ensuite, il proclame d'une manière plus sérieuse l'inviolabilité des lettres inventées par Cadmus, s'élève contre toute altération, même sous prétexte de perfectionnement, et, dans son indignation de philologue, il ne craint pas d'appeler sacrilége quiconque ose toucher à la langue écrite des hommes.

Respectons donc la nôtre, libre interprète de la pensée, plutôt que servile traduction de la parole; conservons intact notre alphabet, en lui donnant un auxiliaire perpétuel dans l'hiéroglyphe; et, pour ne laisser aucun prétexte à la réforme, examinons si, parmi les moyens employés, il en est de plus simples et de meilleurs que les images.

C'est avec elles que l'on a commencé à lire, et à elles où l'on est toujours revenu pour vaincre la première difficulté de la lecture, difficulté qui est dans le manque absolu d'analogie entre le signe graphique et le signe vocal. Parmi toutes ces méthodes iconographiques, les unes se sont attaquées aux lettres isolées, et la plupart encore n'ont pu les phonétiser; car en accolant à l'A B C un arbre, un bœuf, un cheval, tout était pour l'œil, rien pour l'oreille. Les autres ont cherché à trouver dans les images mêmes les traces fantastiques de nos lettres, en montrant un G dans une gourde, un V dans un verre, etc. Partout l'attention de l'élève a été appelée sur des formes, tandis qu'il fallait rappeler l'idée des sons. De mieux avisés se sont élevés à la lecture courante, mais cette fois en abandonnant tout-à-fait la lettre et la syllabe; et quelle lecture encore? Des mots isolés, sans vie et sans lien, ne formant aucun sens, parce qu'il y manquait l'ame de toute parole, le verbe, qui se trouve partout, dans la plus simple phrase, même dans le grossier rébus, qui, à travers ses calembourgs et son pitoyable jargon, nous répète depuis si long-temps comme un bon mot son nom aux oreilles; car ce nom seul renferme un excellent conseil, une maxime admirable, tout le secret de la mémoire locale: *apprendre par les choses!*

La fausse application des images ayant fait croire à leur impuissance, on s'est pourvu ailleurs. Les uns, en analysant le langage, en ont fait une théorie subtile avec les distinctions de *labiales*, de *linguales*, de *gutturales*, etc., pour expliquer l'intonation. D'autres en ont indiqué le mécanisme par des profils, des bouches fermées, ouvertes, des lèvres et des dents, c'est-à-dire avec des ombres d'images. Là du pathos, ici de la métaphysique. Ensuite on a fait de la musique et des ombres chinoises avec des cloches et des marteaux, des lettres noires et des blanches. Plus tard on a essayé de l'algèbre, en saupoudrant l'écriture d'accents, de longues et de brèves à la manière grecque. D'autres enfin sont revenus à la lettre pour expliquer la lettre, interlinéant l'écriture changeante avec des radicaux permanents. Mais plus ce dernier moyen semble naturel, et plus il devient dangereux: car ces doubles mots sont autant de piéges pour la mémoire des yeux, qui, ayant à choisir entre deux orthographes différentes, sera toujours tentée d'adopter la plus concise et la plus analogue à la voix. D'ailleurs, comment une lettre impuissante dans le texte serait-elle plus habile au-dessus? Les signes composés ne sont-ils pas toujours équivoques aussi bien que les accents? et cette figuration, enfin, n'est-elle pas la plus pernicieuse, puisqu'elle met l'orthographe en péril? Il faut de bons modèles en lecture ainsi qu'aux beaux-arts. On pourra se servir de toutes ces cacographies quand la sculpture et la peinture nous en auront donné l'exemple.

Des signes étrangers à la lettre peuvent donc seuls en représenter les valeurs sans défigurer les mots ni troubler la mémoire; et ces signes, qui sont à nous aussi bien qu'à l'Egypte, puisqu'ils sont dans la nature, ne sauraient mieux s'appliquer qu'au langage écrit et parlé, puisqu'ils sont aussi distincts de l'écriture par leurs formes qu'ils sont identiques à la parole par leurs sons.

Voilà les véritables intermédiaires à placer entre ces langues incompatibles, pour faire cesser leur incompatibilité: car les symboles écrits pourraient obéir à toutes les exigences étymologiques, revenir même à leur barbare origine, qu'ils n'en produiraient pas moins de gracieuses inflexions françaises; et quoique ces rugueux imparfaits *voyaient, priaient, croyaient*, conservent toute leur rudesse à l'œil, l'atticisme de l'hiéroglyphe les traduira, sans choquer l'oreille, par : , , , semblables à un truchement officieux qui, pour concilier deux parties, changerait à l'égard de chacune les aigres propos de l'autre en compliments affectueux.

Après avoir ainsi corrigé notre écriture en famille, et rendu par-là un important service à notre langue et aux étrangers qui se rebutent de nos incohérences, l'hiéroglyphe nous aidera encore à déchiffrer les autres idiomes au moyen d'un simple échange d'images, papier, monnaie de la parole, qui ne saurait offrir les dangers de celui de Law. Poursuivant ensuite sa carrière de philanthrope, après avoir poussé nos écoliers à devenir écrivains-peintres, et les maîtres à se faire peintres-écrivains, donnant à l'un le son d'un mot, à l'autre le sens d'une pensée, soufflant l'orateur, inspirant le poète; on le verra parcourir tous les degrés de la science, et devenir tour-à-tour Pythagore ou frère ignorantin. Nouveau (1) génie de Socrate, il se manifeste à l'homme par des signes visibles, et même dans les songes. Il emprunte toutes les figures pour nous révéler l'esprit de vie dans la parole; car parler c'est vivre. Il résume en lui seul les trois âges de la lettre, qui a été d'abord l'image des êtres et des choses, ensuite de simples lignes conventionnelles dans nos alphabets, puis ramenée à des formes plus abrégées par les sténographes, et réduite enfin à sa plus simple expression dans le point (2).

(3) Avec un mot, ou plutôt par sa seule présence, il nous enseigne la plus lente et la plus rapide des écritures; celle qui convenait à la vie contemplative de l'âge d'or, et la sténographie, qui mérite si bien d'appartenir au siècle de la vapeur.

(1) Sujet du frontispice, dans lequel il ne faut chercher aucun sens aux hiéroglyphes qui, selon toute apparence, sont véritablement égyptiens, mais qui semblent appuyer mon système en montrant des groupes de lignes qui ne sauraient appartenir qu'à une écriture phonétique.

(2) Voir l'explication et la planche ci-contre, où il est donné un exemple de cette écriture infinitésimale.

(3) Ce mot est *Imitez !* Toutes les écritures en sont là. Consulter, pour la sténographie, la note de la planche pag. XII. Le meilleur procédé pour apprendre cette écriture est d'assembler ces signes pour former des mots, en fixant les yeux sur le tableau sans regarder le mouvement de la main. Placer ensuite les voyelles où il convient.

Le point blanc o placé à côté de chaque signe indique par où il faut le commencer. Ce point ne doit pas être copié, bien entendu.

Mais, faut-il l'avouer? plus l'hiéroglyphe se montre sublime dans ses effets, moins il me paraît admirable; parce qu'il n'est alors que le reflet de la pensée humaine, l'écho de cet esprit qui nous vient de Dieu. Et s'il se montre comme le principe de l'art, s'il s'intitule le manuel de la science, je ne vois encore en lui que de beaux modèles à copier, ou un pédant qui s'adresse à des clercs. Mais lorsqu'il parle à l'enfance, qu'il initie en jouant au mystère de la lecture, et qu'il ne prend que le titre modeste de *Livre des Ignorants* : alors je l'admire et lui jette ma première couronne; car son mystérieux symbolisme, ses emblèmes savants, et ses énigmes du sphinx, ne sont pour moi que des jeux d'enfants devant un phénomène facile à constater, et qui est en même temps si digne de l'attention des philosophes. C'est qu'après un enseignement de quelques heures, l'hiéroglyphe transmet la pensée *écrite* à des ignorants, qui non-seulement ne savent pas lire, mais qui ne connaissent pas même une lettre de notre alphabet européen.

APPLICATION

DES HIÉROGLYPHES

A L'ENSEIGNEMENT PRIMAIRE.

LECTURE ET PRONONCIATION.

ÉCRITURE.

ÉLÉMENTS DE NUMÉRATION.

LECTURE.

Se plaindre des infirmités de notre alphabet, c'est répéter ce que tout le monde sait; chercher à le guérir, c'est traiter un incurable, ou plutôt c'est appliquer le remède à côté du mal: car le mal est depuis long-temps dans les livres.

Ouvrez un de ces livres où l'imprimeur aurait laissé assez d'espace entre les lignes pour y placer des images; supposez que les noms de ces images fassent prononcer tous les mots; et nous voilà au centre des difficultés, maîtres absolus des A, des B, des C; non pas pour nous moquer de leurs agrégations bizarres qui ont produit de si belles choses, mais tout simplement pour apprendre à les lire.

L'hiéroglyphe n'apporte point de nouvelle théorie sur la lettre, mais il est lui-même une lettre nouvelle qui ramène toutes les théories à l'unité, dans une lecture pratique si raisonnée pour le maître, si mécanique pour l'élève, qu'elle devient une lumière commune pour tous deux, un intermédiaire obligé, une espèce de niveau, où s'abaisse la science de l'un et s'élève l'ignorance de l'autre.

Avec ce système, tout chef de famille peut se proclamer instituteur. L'artisan, le soldat, l'homme du peuple, répareront aisément le temps perdu: c'est à eux que s'adresse cette lecture en images, tout aussi bien qu'aux enfants.

Voyons maintenant ce qu'il faut savoir pour apprendre et pour enseigner; quelles sont les règles, les principes à suivre par l'élève et le professeur, ou plutôt quelle est la clef de cette méthode: car c'est un ouvrage à clef.

Toute image a une forme et un nom. Cette forme est une écriture, ce nom est une parole.

Or, en voyant cette image, on prononcera ce mot *hache,* où l'oreille a parfaitement distingué A et CH; et si l'on divise ensuite cette même figure ainsi, chacun des morceaux conservera une de ces valeurs conventionnelles pour les représenter au besoin. Mais briser une image, c'est la dénaturer; et puisqu'il s'agit de parler aux yeux, ne vaut-il pas mieux employer [illegible] couleurs, en décidant une fois pour toutes :

Que les figurines noires représenteront la première syllabe de leurs noms, et les figurines blanches la dernière;

En d'autres termes, que, chaque signe étant spécial pour chaque son, représentera toujours son initiale A, et sa finale CH.

Voilà tout le secret des hiéroglyphes. On peut le dire à l'élève s'il est en âge de le comprendre, ou bien l'initier matériellement à cet alphabet, en lui indiquant *l'image* et ne prononçant que la *lettre*. Le complément de chaque nom hiéroglyphique sera énoncé très-bas pour mémoire et dans les premières leçons seulement.

Afin d'éviter toute équivoque, voici ces noms :

ha-*che*.	é-*pée*.	hi-*bou*.	ho-*mme*.	hu-*ppe*.
â-*ne*.	haie.	î-*le*.	au-*tel*.	hu-*re*.
an-*ge*.	* œi-*llet*.	in-*dex*.	om-*brelle*.	un.
ai-*gle*.	œufs.	oie.	houe.	yeux.

SONS, OU COMMENCEMENTS DES MOTS.

a	é	i	o	u
â	ê	î	ô	û
an	eu	in	om	un
ai	œu	oi	ou	yeu

* Prononcez *eu*, comme dans *heu*-re.

On procèdera d'une manière inverse pour les consonnes, en ne prononçant à voix haute que la fin de ces mots.

bom–be.	*bro*–sse.	*cor*–de.	*gri*–ffe.	*ba*–gue.
ca–ge.	*cas*–que.	*pe*–lle.	*plu*–me.	*chaî*–ne.
pi–pe.	*ve*–rre.	*bo*–tte.	*ra*–ve.	*chai*–se.
flè–che.	*pei*–gne.	*qui*–lle.	*ta*–ble.	*sa*–bre.
bou–cle.	*an*–cre.	*ca*–dre.	*sou*–ffle.	*co*–ffre.
sei–gle.	*nè*–gre.	*tem*–ple.	*pam*–pre.	*le*–ttre.
li–vre.	(*x*), gz.	(*x*), kç.	*rou*–e.	*sei*–e*.

ARTICULATIONS, OU FIN DES MOTS.

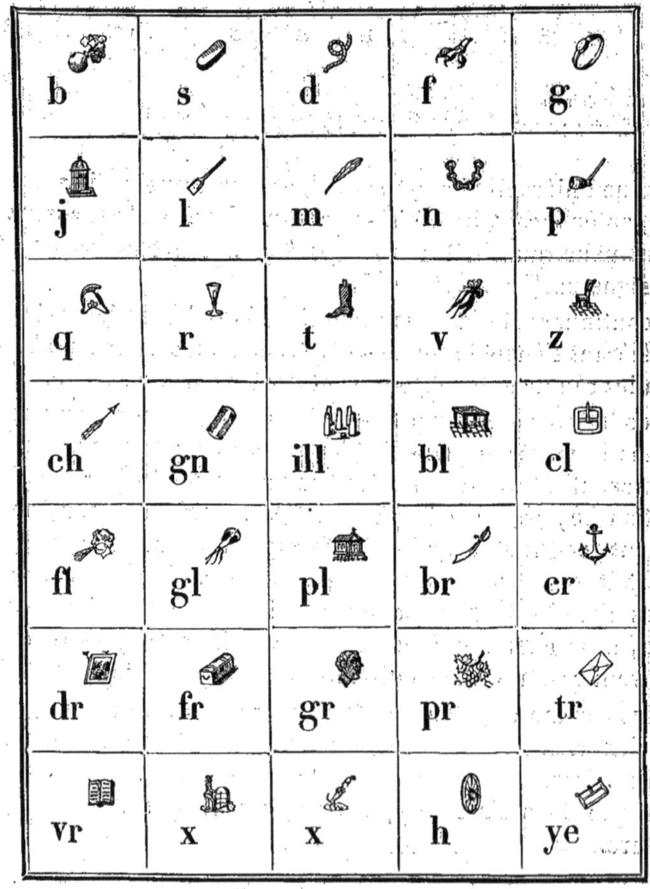

b	s	d	f	g
j	l	m	n	p
q	r	t	v	z
ch	gn	ill	bl	cl
fl	gl	pl	br	cr
dr	fr	gr	pr	tr
vr	x	x	h	ye

* Mouillez cette demi-syllabe en prononçant *ye*.

Dès que l'élève possède les hiéroglyphes, c'est-à-dire quand ils ne sont plus pour lui que des A, des Be, des Ce, on les lui fait nommer dans l'exercice ci-contre, et l'on procède à l'épellation avec les images, jamais avec la lettre, mais en ramenant toujours la pointe du style à cette dernière : car là est le but, le total de cette addition des éléments de la parole dont les hiéroglyphes ainsi superposés représentent les chiffres ?

On aura soin d'indiquer la division des mots suivant la petite barre verticale qui sert de guide, afin de n'opérer que sur une syllabe à la fois, et faisant une pause après chacune. On commencera ainsi :

En montrant successivement de haut en bas chaque image.			le					que		te	
		se	ai	fe	se	gre		ou		ou	de
	et le	o	ill	i	a	an	de	r	se au	re	u
En s'arrêtant au-dessous de la lettre.		so	leil	fit	sa	gran		cour		tour	du

Lorsque l'hiéroglyphe est seul dans une tranche, il suffit de l'indiquer, en énonçant une fois sa valeur, parce qu'il est assez voisin de la lettre pour que l'œil saisisse aisément leurs rapports, et puisse lier le signe parlé au signe écrit.

On continuera de la même manière dans l'exercice suivant, mais en accélérant l'énonciation des divers éléments de la syllabe, de manière à les réunir naturellement; et épeler ainsi, c'est lire.

Ce mode est le seul qui puisse indiquer toutes les décompositions du mot sans le morceler, sans l'isoler de la phrase qui lui donne tant de puissance. C'est aussi l'unique moyen de triompher de l'ancienne épellation bé, cé, dé, eff, à laquelle la routine nous ramène involontairement, et qui serait sans doute regrettable si l'orthographe absolue n'était pas visuelle et non auriculaire. A chacun son métier: laissons l'oreille juge de la prononciation, et l'œil juge de l'orthographe, sans chercher à confondre ces deux langues incompatibles qui doivent rester à jamais distinctes, sous peine de s'anéantir.

Ecrire comme on parle, c'est détruire l'écriture ; parler comme on écrit, c'est attenter à l'urbanité de la langue française. Il faut donc à tout prix laisser les choses dans l'état où elles se trouvent, ne chercher le son que dans l'hiéroglyphe, et ne voir que l'orthographe dans l'écriture.

LES PETITES ÉTOILES.

Et le Soleil fit sa grande course autour du monde, et les pe ti tes Etoiles dirent : Nous i-rons avec toi. Et le Soleil les gronda, et leur dit : Vous res te rez à la maison, car je brû le rais vos petits yeux dans ma course ardente. Et les peti-tes étoiles allè-rent pendant la nuit trouver la bonne Lune, et elles dirent : Toi qui trônes sur les nu a ges dans la nuit, laisse-nous aller avec toi; car ta douce lumière ne nous brû le ra pas les yeux. Et la Lune les prit pour compagnes de nuit.

LE DIMANCHE MATIN.

Le Samedi a dit au Dimanche : Voilà que je les ai tous couchés, ils étaient jo li ment fati-gués de leur journée; et moi aussi, je ne puis plus me tenir sur mes jambes. Ainsi dit-il : la cloche sonne minuit, il tombe dans le néant. Le Dimanche dit : C'est mon tour maintenant. Tout doucement il ouvre sa porte, il bégaie à moitié endormi derrière les étoiles, et ne peut pas se lever. Enfin, il se frotte les yeux, s'en va à la porte du Soleil, qui dort dans sa chambrette. Le Dimanche s'en va sur la pointe des pieds, et monte sur les montagnes, il sourit ; tout dort encore, personne ne l'entend. Il descend dou ce ment dans le villa ge,

et dit au Coq : Ne me trahis pas. Quand enfin on se

réveille après une bonne nuit, il est là au soleil;

il regarde à travers les carreaux; ses yeux sont

doux et gais, son chapeau est orné de fleurs. Il est

bon enfant, il ne se fâche pas quand on dé si re

en co re un peu dormir, et qu'on se fait accroire

qu'il est en co re nuit, quoique le soleil sourie au

monde. C'est juste pour cela qu'il vient doucement, et qu'il vous regarde avec bonté. Comme la poussière d'argent de la rosée brille sur les herbes et sur les feuilles! Comme le vent du mois de mai est doux! comme il sent les fleurs! les abeilles sont alertes, elles font leurs provisions, elles ne savent pas que c'est dimanche. Les petits Oiseaux disent: Sacrebleu! le voilà

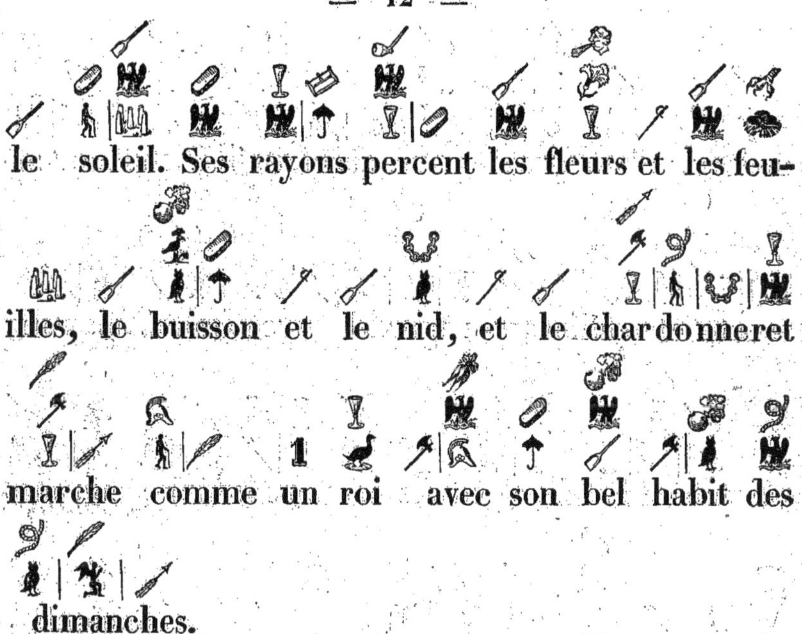

le soleil. Ses rayons percent les fleurs et les feuilles, le buisson et le nid, et le chardonneret
marche comme un roi avec son bel habit des
dimanches.

Quoique l'on ramène à chaque syllabe les yeux de l'élève sur la lettre, il ne faut pas exiger qu'il la *lise* avant de connaître parfaitement l'image. C'est au maître à enseigner le mécanisme, l'écolier doit apprendre l'art, en rapportant sans cesse le connu à l'inconnu, en répétant avec la *lettre*, de gauche à droite, ce qu'il énonce du haut en bas avec l'*hiéroglyphe*. C'est ce dernier qui fait distinguer les signes simples des signes composés, et rejeter de la prononciation les lettres inutiles; qui apprend à réunir en une seule voix ce qui est exprimé par plusieurs lettres, et à donner l'accentuation propre aux voyelles qui ne sont pas accentuées. Voilà le maître par excellence, infaillible et patient, qui ne se trompe jamais, et ne se lasse pas de répéter. Quelles explications valent mieux que les exemples de cette leçon perpétuelle? et quel autre moyen avons-nous d'apprendre à lire, si ce n'est par analogie?

On renverra l'élève à l'abécédaire hiéroglyphique chaque fois qu'il ne se rappellera pas la valeur d'un signe, afin qu'il se rectifie par la mémoire locale. Pour une école nombreuse, cet abécédaire devra former un grand tableau. Quel que soit le mode d'enseignement, mutuel, simultané ou individuel, on procèdera par lettres et par syllabes avant de passer aux mots.

Le temps de l'épellation sera subordonné aux dispositions des élèves, mais il ne faut pas trop épeler.

HISTOIRE DE JOSEPH.

Jacob ha bi tait dans la terre de Cha na an; son fils Joseph, âgé seu le ment de seize ans, condui-sait les troupeaux de son père avec ses frères. Mais Jacob pré fé rait Joseph à tous ses autres enfants, parce qu'il faisait sa joie et sa con so la-tion, et que les autres lui causaient les plus graves chagrins par leur mauvaise conduite. Les frères de Joseph, voyant que leur père le pré fé rait à eux, le haïssaient, et ne lui parlaient jamais avec douceur. Un jour Joseph raconta à ses frères un songe qu'il avait eu : Il me semblait, leur dit-il, que je liais avec vous des gerbes dans un champ; ma gerbe se leva et se tint debout; les vôtres étaient autour de la mienne et l'adoraient. Ses frères lui répondirent : Est-ce que tu espères être un jour notre roi, et que nous serons soumis à ta puissance? Il leur raconta encore un autre songe qui semblait indiquer qu'un jour il serait le chef de la famille. Ces songes excitèrent de plus en plus la haine de ses frères. Or, il arriva que les troupeaux de Jacob furent conduits à plus de trente lieues dans de bons pâturages. Jacob dit à Joseph : Va voir si tes frères se portent bien et si les troupeaux sont en bon état. Joseph partit; mais aussitôt que ses frères l'aperçurent de loin, ils ré so lu rent de le tuer. Voici, se di saient-ils entre eux, notre faiseur de songes qui arrive: tuons-le et jetons-le dans cette vieille citerne; nous dirons qu'une bête sau va ge l'a dé voré; et après cela, on verra à quoi ses songes lui auront servi. Ruben, voulant le sauver, leur dit : Ne le tuez pas, ne répandez pas son sang, mais jetez-le vivant dans la citerne. Il parlait ainsi dans le dessein de l'en retirer pendant la nuit et de le rendre à son père. Aussitôt que Joseph fut arrivé près de ses frères, ils lui ôtèrent sa robe et le jetèrent dans la citerne, qui était sans eau, dans l'intention de le laisser mourir de faim. Les frères de

Joseph, s'étant assis pour manger, virent passer des marchands qui s'en allaient en Egypte, portant sur leurs chameaux des parfums et de la résine. Juda conseilla à ses frères de vendre Joseph à ces marchands. On le tira de la citerne, et il fut vendu pour vingt pièces d'argent. Ensuite ils trempèrent la robe de Joseph dans le sang d'un chevreau qu'ils avaient tué, et l'envoyèrent à Jacob. Celui-ci crut qu'une bête sauvage avait dé-

voré son fils Joseph, et pleura sur son sort. Ce-

pendant les marchands, arrivés en Egypte, vendi-

rent Joseph à Putiphar, général des troupes de

Pharaon, roi de ce pays. Joseph, par sa conduite

et son intelligence, mérita les bonnes graces

de son maître, et fut chargé de gouverner la

maison, qui prospéra par la bénédiction du

Seigneur. Mais, la femme de son maître ayant voulu l'engager à commettre une action criminelle, il s'y refusa: cette femme, irritée, accusa Joseph auprès de son mari d'avoir voulu lui-même l'engager au crime, et Putiphar, trop crédule aux paroles de sa femme, fit mettre Joseph en prison. Le gouverneur des prisons fut touché des vertus de Joseph, et lui confia le soin de tous ceux qui y étaient enfermés; rien ne s'exécutait que par ses ordres. Joseph, un jour, vit dans la prison deux des officiers de Pharaon plongés dans la tristesse à cause d'un songe qu'ils avaient fait et qu'ils ne pouvaient interpréter. Il le leur expliqua. Il annonça au grand échanson que Pharaon le rétablirait dans ses anciennes fonctions au bout de trois jours; il le pria de se souvenir de lui, et de supplier le roi de le tirer de sa prison. Il annonça, au contraire, au grand panetier qu'au bout de trois jours le roi lui ferait trancher la tête, et ferait attacher son cadavre à une croix. L'événement justifia l'interprétation de Joseph; mais le grand échanson, se voyant rentré en faveur, oublia son interprète et la prière qu'il lui avait adressée.

Deux ans après, Pharaon eut un songe: il lui sembla qu'il était sur le bord du Nil, d'où sortirent sept vaches belles et grasses qui se mirent à paître dans des marécages; sept autres vaches laides et maigres sortirent du même fleuve et dévorèrent celles qui étaient grasses et belles. Le roi eut un second songe dans lequel il vit sept épis pleins de grains qui sortaient d'une même tige; il en vit ensuite paraître sept autres maigres et desséchés par un vent brûlant. Pharaon se réveilla saisi de frayeur; il envoya chercher les devins et les sages de l'Egypte; mais aucun d'eux ne put interpréter le songe. Alors l'Echanson se souvint de Joseph, et dit au roi ce qui lui était arrivé. Joseph fut tiré de sa prison et conduit en présence de Pharaon, qui lui raconta les deux songes qu'il avait eus. Vos deux songes signifient la même chose, lui dit Joseph: les sept vaches grasses et les sept épis pleins signifient sept années d'abondance produites par les heureuses inondations du Nil; les sept vaches maigres et les sept épis brûlés par le vent marquent sept années de disette. Il est donc de la prudence du roi de choisir un homme sage et habile, à qui il donnera le commandement de toute l'Egypte, pour que ce pays ne soit pas entièrement dépeuplé par la famine.

Pharaon, frappé de l'intelligence de Joseph, le chargea d'établir des magasins pour recueillir le blé pendant les années d'abondance, et le nomma gouverneur de l'Egypte, en lui disant: Nul ne remuera le pied ou la main dans toute l'Egypte que par votre ordre et votre commandement. Il changea ensuite le nom de Joseph en celui de *Sauveur du monde*, et lui fit épouser la fille de Pu ti pharé, prêtre d'Héliopolis. Les années de famine suc cé dèrent aux sept années d'abondance, et la terre de Chanaan, où demeurait Jacob, n'en fut pas préservée. Jacob envoya donc dix de ses fils en Egypte pour acheter du grain; mais il retint auprès de lui Benjamin, le plus jeune de ses fils, qui était né de Rachel, mère de Joseph. Les fils de Jacob, arrivés en Egypte, se présentèrent devant Joseph, qui les reconnut sur-le-champ, sans être reconnu d'eux. Mais, voulant les éprouver, il feignit de les prendre pour des espions; ils repoussèrent ce soupçon en disant qu'ils étaient douze frères, tous enfants de Jacob; que le plus jeune était resté avec leur père, et qu'un autre ne vivait plus. Je veux savoir si vous dites la vé ri té, leur répondit Joseph : que l'un de vous reste en o ta ge, et que les autres s'en retournent; mais songez à m'amener le jeune frère dont vous m'avez parlé. Les frères de Joseph se dirent alors : C'est avec jus ti ce que nous souffrons pour avoir péché contre notre frère. Ils ne croyaient pas que Joseph les entendît, parce qu'il se servait d'un interprète; mais leur frère fut si touché de leur repentir, qu'il se retira pour pleurer en liberté. Les fils de Jacob s'en allèrent donc, emportant leur blé sur leurs ânes; mais ils furent bien étonnés de retrouver à l'entrée du sac l'argent qu'ils avaient donné. Les pro vi si ons de blé étant con so mmées, il fallut retourner une seconde fois en Egypte; mais les fils de Jacob n'o sè rent pas entreprendre le voyage sans amener leur jeune frère Ben ja min. D'abord le vieillard n'y voulut pas consentir. Vous m'avez réduit, leur disait-il, à être sans enfants. Joseph n'est plus, Siméon est en prison, et vous voulez en-

core m'en le ver Ben ja min. Il finit par consentir au départ de son jeune fils pour dé li vrer
Siméon. Les jeunes gens prirent avec eux des
présents, le double de l'argent qu'ils avaient a-
pporté la première fois, et ils se présen tè rent
devant Joseph : celui-ci fit remettre Siméon en
liberté, et leur demanda : Votre père, ce bon
vieillard dont vous m'avez parlé, se porte-t-il

bien ? vit-il encore ? Dès qu'il sut qu'il se portait bien, il fit servir un festin à ses frères; mais il donna à Benjamin des témoignages particuliers d'affection. Ensuite il les renvoya en faisant mettre dans le sac de Benjamin la coupe dont il se servait chaque jour à table. Les fils de Jacob étant partis, Joseph envoya son intendant après eux pour les arrêter et leur reprocher leur mauvaise action. Comme ils étaient innocents de ce vol, ils s'écrièrent que celui dans le sac duquel on trouverait la coupe devait mourir, et que les autres seraient esclaves. Ils déchargèrent leurs sacs, et chacun ouvrit le sien; on trouva la coupe dans le sac de Benjamin: alors ils déchirèrent leurs habits en signe de douleur, et revinrent à la ville. Juda, qui avait autrefois conseillé de vendre Joseph, se jeta à ses genoux, et lui dépeignit si vivement la douleur que ressentirait leur père Jacob à la nouvelle de la perte de Benjamin, que Joseph fut vivement ému. Que ce soit donc moi, s'écria Juda, qui reste votre esclave, et que ce jeune homme retourne avec mes frères au pays de Chanaan. Joseph ordonna que tous les étrangers sor ti ssent, et, au milieu

des larmes qui tombaient abondamment de ses

yeux, il s'écria à haute voix : Je suis Joseph,

notre père vit-il encore ? Mais ses frères ne

purent lui répondre, tant ils étaient saisis de

frayeur. Il leur parla avec bonté, et leur dit :

Approchez-vous de moi. Quand ils se furent

approchés, il ajouta avec grande douceur :

Je suis ce Joseph que vous avez vendu à des marchands qui m'ont amené en Egypte : ne vous troublez pas, et cessez de vous affliger. Hâtez-vous d'aller retrouver mon père; dites-lui que Dieu m'a rendu maître de toute l'Egypte, et que vous demeu re rez dans la terre de Gessen, vous, vos enfants, et les enfants de vos enfants, et tous vos troupeaux. Alors il embrassa tendrement Benjamin, et ensuite tous ses autres frères, et il pleura sur chacun d'eux. Les enfants de Jacob firent tout ce qui leur avait été commandé, et, d'après l'ordre de Pharaon, Joseph leur fit donner des chariots et des vivres, et il ajouta des robes pour chacun d'eux et pour son père. Arrivés au pays de Chanaan, les enfants de Jacob dirent à leur père : Votre fils Joseph est vivant, et commande dans toute l'Egypte. Ce que Jacob ayant entendu, il se réveilla comme d'un profond sommeil, et cependant il ne pouvait croire à ce qu'ils lui disaient. Mais ayant vu les chariots et les présents que Joseph lui envoyait, il dit: Je n'ai plus rien à souhaiter, dès que mon fils Joseph vit encore; j'irai, et je le verrai avant que je meure. Joseph vint en chariot au-devant de son père; et, l'ayant aperçu, il se jeta à son cou et l'embrassa en pleurant. Jacob dit à Joseph : Je puis mourir plein de joie, dès que j'ai vu votre visage et que je vous laisse après moi. Jacob s'é ta blit avec tous ses enfants sur les terres fer ti les de Gessen.

La lecture qui précède a pour limite le mot, celle qui suit embrasse la phrase; c'est pourquoi les liaisons des mots sont seulement indiquées dans le *Ver luisant*. Le signe euphonique placé entre deux tirets apprendra à l'élève, que certaines consonnes finales se lient à la voyelle qui suit, sans rien changer à la prononciation de chaque mot pris à part.

LE VER LUISANT.

Par une belle et chaude soirée d'été, une pauvre veuve nommée Marie, était assise auprès de la fenêtre ouverte de sa petite chambre, et laissait tomber ses regards sur un joli verger qui environnait sa chaumière. Le ciel était pur: pas un nuage. Le rouge du soir commençait à s'animer à l'extrémité de l'horizon.

La lune brillait et répandait sa douce lumière dans le modeste appartement; elle retraçait parfaitement, sur le plancher propre et uni comme une glace, la forme carrée des fenêtres, ainsi que la treille qui les embellissait en forme de guirlandes. Ferdinand, son fils, âgé de six ans, était appuyé sur la corniche. Son gracieux visage, sa blonde chevelure, une partie des manches de sa chemise éclatante de propreté, et sa petite veste d'un rouge écarlate, ressortaient admirablement, éclairés qu'ils étaient par la lueur de l'astre charmant. Marie était assise : elle se reposait. Mais autant le poids de la chaleur du jour lui était devenu pénible, autant un chagrin plus pénible encore l'accablait et lui faisait oublier sa fatigue. Un pot de lait, où elle avait émietté du pain, composait son souper; elle en mangeait à peine quelques cuillerées. Le petit Ferdinand était consterné et restait immobile, les yeux fixés sur sa mère si triste. Comme cette dernière, au lieu de continuer son repas, pleurait amèrement, il jeta aussi de côté sa cuiller. Le pot de terre paraissait sur la table presque aussi plein que quand on l'y avait apporté, et, reflétant les rayons de la lune, il dessinait au plafond un disque brillant et bleuâtre. Marie n'était veuve que depuis le commencement du dernier printemps. Son mari, le plus honnête jeune homme du village, avait acheté la petite chaumière et son enclos; mais ce n'avait pas été sans contracter quelques dettes. Intelligent et laborieux, il avait planté, dans ce terrain qui ne produisait que de l'herbe, une quantité d'arbres fruitiers déjà en plein rapport. Il avait choisi Marie pour sa femme, quoiqu'elle ne fût qu'une pauvre orpheline, et que ses parents ne lui eussent laissé pour toute fortune qu'une excellente éducation. Elle passait pour la jeune personne la plus pieuse, la plus sage et la plus laborieuse du canton.

Ils vivaient tous deux dans la plus heureuse union, lorsque leur village fut infecté par une fièvre épidémique nerveuse qui emporta en peu de jours ce digne père de famille; sa femme lui prodigua, mais en vain, tous les soins que lui suggérait sa tendresse conjugale. Quelque temps après la mort de son mari, elle se vit bientôt atteinte par le même fléau, et ce ne fut qu'avec peine qu'elle échappa à ses ravages. Par suite de sa maladie et de celle de son mari, elle tomba dans une grande détresse; elle était même sur le point de perdre sa petite maisonnette. Son mari avait servi pendant long-temps chez le plus riche paysan du lieu. Il avait, par son travail et sa fidélité, mérité l'estime de Mayer Bauer (c'est le nom de son maître), qui lui avait avancé trois cents florins pour acheter cette habitation avec le jardin, à condition qu'il rembourserait tous les ans vingt-cinq florins, et qu'il en acquitterait autant par ses services. Il avait été fort exact à payer jusqu'à l'année de sa mort, et ses dettes ne s'élevaient plus qu'à cinquante florins. Marie savait parfaitement l'état de leurs affaires. Le riche métayer mourut de la même maladie. Les héritiers, son gendre et sa famille, trouvèrent l'obligation de trois cents florins parmi les papiers du défunt. Celui-ci n'avait jamais informé ses enfants des sommes reçues à compte de cette créance: ils exigèrent donc de la pauvre Marie la somme entière de trois cents florins. La veuve, effrayée, assurait et protestait devant Dieu que son mari avait payé deux cent cinquante florins, et qu'il ne restait dû que cinquante florins. Mais toutes ses protestations étaient vaines; le grossier paysan la traita de menteuse, d'effrontée, et la conduisit devant les tribunaux.

Comme elle ne pouvait justifier des à-compte versés, toute la dette fut déclarée exigible. Les héritiers pressèrent le recouvrement de cette obligation; et comme Marie ne possédait rien que sa chaumière et son enclos, sa petite propriété allait être vendue. En vain elle se jeta aux pieds des héritiers, en les suppliant de ne pas la chasser de chez elle; en vain le petit Ferdinand était à genoux à côté de sa mère: larmes, supplications, tout fut inutile, et le lendemain fut le jour désigné pour l'expropriation; elle n'avait été informée de cette dernière circonstance qu'une heure avant la fin de son travail: un de ses voisins venait de la lui faire connaître par-dessus la haie. Consternée de l'effrayante nouvelle, l'infortunée Marie était allée se jeter auprès de la fenêtre, et, dans sa profonde affliction, elle regardait tantôt son cher petit Ferdinand, tantôt le ciel : elle pleurait à chaudes larmes; son ame se repliait sur elle-même; un morne silence régnait autour d'elle. Voici peut-être la dernière nuit que nous passons dans cette chaumière, s'écria-t-elle. A ces tristes réflexions, elle éclata en sanglots. Le petit Ferdinand, qui jusqu'alors était resté immobile, s'approche, et lui dit en sanglotant aussi: Maman, ne pleurez donc pas si amèrement; voyez-vous, si vous continuez, je ne pourrai plus même vous dire un mot. Ne vous rappelez-vous donc pas les dernières paroles de mon papa, lorsqu'il était là sur son lit de mort? Ne pleurez pas tant, disait-il, Dieu n'est-il pas le père de la veuve et de l'orphelin? Implorez son secours dans la détresse, il aura soin de vous. Ce qu'il disait n'est il pas vrai, maman? Oui, mon cher enfant, cela est juste. Comment pouvez-vous alors pleurer si long-temps! Priez le bon Dieu, il vous aidera. Pensez-vous que Dieu ne soit pas assez riche? Regardez un peu à la fenêtre. C'est à lui qu'appartiennent la lune et les étoiles du firmament. Papa disait souvent: L'univers entier est son héritage. Ainsi, à quoi bon pleurer et nous tourmenter. Cher enfant, tu as raison! répondit Marie en versant des larmes de tendresse, et à l'instant elle sentit diminuer l'amertume de ses douleurs; elle joignit les mains, et leva vers le ciel ses yeux humides. Le pauvre Ferdinand joignit aussi ses petites mains, et regarda le ciel; la lune éclairait cette scène touchante, et se réfléchissait dans leurs larmes. La mère commença à prier. Les paroles de Marie furent étouffées de nouveau par ses sanglots; elle tomba bientôt dans un morne silence. L'enfant, dont les mains étaient toujours restées jointes, s'écria tout-à-coup à haute voix, en désignant du doigt: Ha! maman, voyez, qu'est-ce que j'aperçois? Voilà une petite lumière qui s'agite, une petite étoile qui voltige! voyez, la voilà qui s'approche de la fenêtre! Tenez, elle entre dans la chambre! comme elle est brillante! comme sa lumière est verdâtre! elle est presque aussi belle que l'étoile du soir. La voilà maintenant qui voltige sur le plafond de la chambre. Que c'est joli! que c'est joli! C'est un ver luisant, mon cher ami; pendant le jour c'est un insecte presque imperceptible, mais la nuit il produit cette lueur admirable. Puis-je le prendre? ne me fera-t-il point de mal? cette lumière ne me brûlera-t-elle pas? Elle

ne te brûlera pas, dit la mère en laissant échapper un léger souri-
re que démentaient ses joues encore mou-
illées de larmes. Attrape- le, examine-
le de près: c'est encore une mervei-
lle de la toute- puissance de Dieu. Ferdinand avait alors oublié tous
ses chagrins, et il ne pensait plus qu'à
donner la chasse à l'insecte brillant qui voltigeait près du plancher,
tantôt sous la table, tantôt sous la
chaise. Hô! quel malheur! s'écrie sou-

dain l'enfant. Le petit animal s'était caché derrière un grand buffet adossé à la muraille, au moment où il étendait la main pour le saisir. Il regarde sous le buffet : je le vois bien distinctement, dit-il ; il est là tout contre le meuble ; il éclaire et le mur blanc, et le plancher, et même la poussière dans laquelle il s'est niché, comme si la lune y brillait elle même ; mais je ne puis l'atteindre, je n'ai pas le bras assez long. Prends patience, dit Marie; il reparaîtra bientôt. Ferdinand attend un peu; ensuite il s'approche de sa mère, et lui dit d'une voix douce et suppliante: Maman, attrapez-le moi, ou bien détournez un peu le buffet de la muraille, je pourrai le prendre facilement. La mère se lève, détourne le meuble, et Ferdinand prend alors l'insecte immobile. Il le considère dans le creux de sa main; il en éprouvait une joie et un plaisir plus grand que jamais prince ou princesse n'en éprouva en contemplant le plus précieux diamant. Mais l'attention de sa mère était fixée sur un autre objet. lorsqu'elle eut dérangé le buffet, quelque chose qui se trouvait engagé entre le mur et lui, tomba par terre. Elle le ramasse, et pousse un grand cri : Dieu vient de nous tirer à l'instant de notre détresse! Voilà le calendrier de l'année dernière que j'ai cherché si long-temps, toujours en vain! Je pensais que pendant ma maladie, tandis que j'étais sans mouvement, il avait été détruit comme inutile par des mains étrangères qui ne veillaient pas toujours bien soigneusement aux intérêts de notre ménage. Maintenant on va reconnaître authentiquement que ton père a payé la somme qu'on exige de nous si injustement. Qui aurait pensé que ce petit livre était caché derrière ce meuble que nous avons reçu avec la maison, et qui n'a peut-être jamais été déplacé du lieu qu'il occupe? Elle allume de suite une lampe, et, en versant des larmes de joie, elle parcourt le précieux calendrier: il contenait une note exacte de ce que son mari devait encore au commencement de l'année sur les trois cents florins, de ce qu'il avait payé en argent et acquitté par son travail. On lisait aussi les lignes suivantes, écrites par le métayer: « Le jour de la Saint-Martin, j'ai réglé compte avec Jean Blum, et il ne me doit plus que cinquante florins. Je dis cinquante florins. » Marie, transportée de joie, battait des mains, embrassait son enfant, et s'écriait toute ravie : O cher Ferdinand, remercie donc aussi le bon Dieu! car maintenant nous ne serons plus forcés de sortir d'ici; nous n'abandonnerons pas notre maisonnette. Eh bien, maman, c'est pourtant moi qui en suis la cause : si je ne vous avais pas tant prié de déranger le buffet, vous n'auriez pas trouvé ce livre-là; il aurait pu y rester cent ans.

Marie ne disait mot, tant elle était attendrie. Sortant enfin de ses réflexions, elle reprit : O mon enfant, c'est Dieu qui a fait cela! A cette pensée, une crainte religieuse s'empare de mon âme; à l'instant même où nous invoquions le ciel avec larmes, le brillant insecte entre dans notre chambre, et m'éclaire, pour ainsi dire, avec sa lumière, pour découvrir l'endroit où ce registre était caché. Oui, il faut le dire, et c'est une vérité incontestable: Dieu gouverne toutes choses, même celles qui nous paraissent les moins importantes. Sa providence veille sur nous; rien n'arrive par hasard. Oui, un cheveu de notre tête ne saurait tomber sans la volon-

té de Dieu. Rappelle-toi bien ceci

tant que tu vivras, et mets ta confian-

ce en lui, surtout au temps de la

détresse. Il lui est si facile de

nous sauver! Il n'a pas besoin de nous

envoyer un ange de lumiè-

re; il peut faire notre bonheur par

le moyen d'un faible vermisseau ai-

lé! Marie était transportée

d'une joie telle qu'elle ne put fermer

l'œil de la nuit; à la pointe du

jour, elle se mit en route pour a-

ller trouver le juge qui l'avait con-

damnée. Celui-ci fit appeler le

créancier; il vint, et reconnut l'au-

thenticité de l'écriture; il

fut tout embarrassé et tout con-

fus d'avoir insulté la veuve en

face du tribunal, et de l'avoir

décriée comme une femme de mauvaise

foi. Le jugement qui en avait é-

té la suite donnait droit à une

réparation: il s'y montra

disposé. Mais lorsque Marie eut raconté toutes les circonstances qui avaient amené la découverte du registre, et l'apparition du ver luisant pendant sa prière nocturne, le magistrat s'écria : Le doigt de Dieu est là. Le jeune métayer était fort ému; il ne put retenir une larme de repentir : Oui, disait-il, Dieu est le père de la veuve et de l'orphelin, mais il en est aussi le vengeur.

Pardonnez-moi d'avoir été si dur à votre égard; cela ne m'est arrivé que par erreur. Pour vous indemniser des chagrins que je vous ai causés, je vous tiens quitte des cinquante florins qui me restent dus; et si vous vous trouviez jamais dans le besoin, venez chez moi, je serai toujours prêt à vous aider. Je vois évidemment que celui qui se confie en Dieu n'en est jamais abandonné, et cette confiance est un capital plus assuré que

toutes les richesses du monde.

Fin du Ver luisant.

Quel que soit le mode d'enseignement, simultané ou mutuel, la lecture se divise naturellement en quatre classes bien distinctes : épellation, syllabé, lecture par mots, lecture courante. C'est à l'instituteur à juger de l'à-propos pour le passage d'un exercice à un autre, en ne perdant pas de vue que, les syllabes étant les véritables éléments phonétiques, on ne saurait trop s'y arrêter. D'ailleurs, je le répète, énoncer sans interruption les valeurs hiéroglyphiques, véritables échos de la parole, ce n'est plus épeler, ni syllaber même : c'est lire. Et tout est lecture dans cette méthode, depuis la première ligne jusqu'à la dernière, si l'on ne s'arrête pas à la césure des mots.

Ce sont les signes nuls, ou doubles, ou combinés, les variations orthographiques, les altérations de l'usage, qui ont rendu jusqu'à présent tout syllabaire, même toute épellation rationnelle, impossible avec la lettre. Et l'hiéroglyphe non-seulement ne présente aucune de ces difficultés, mais encore il indique, par un simple dénombrement comparatif, où se trouvent ces exceptions et ces difficultés. Ainsi, partout où il y a inégalité de nombre entre les figures et les lettres, on peut être certain que la syllabe ou le mot est irrégulier, c'est-à-dire qu'il a besoin d'une explication analogue à celles qui suivent, et qui supposent toujours que le maître a fait ces questions préalables, ou que l'élève se les est adressées lui-même :

Combien y a-t-il d'hiéroglyphes dans tel mot ou telle syllabe?
Combien de lettres?
D'où vient la différence?

Non c'est parce que on font

ce ———— e final est nul.

n'est ———— est font

pas ———— as —

pour ———— ou —

moi ———— oi —

que ———— q est toujours accompagné de u et e est nul.

sont ———— ont font

faits ———— aits —

les ———— es —

beaux ———— eaux —

jours. ———— ou — et s est nul.

Quelle source d'observations pour le maître, de comparaisons pour l'élève, dans cette écriture parlante, où chaque mot s'analyse au premier coup d'œil, et renferme implicitement l'indication de toutes les irrégularités dans le nombre seul des signes! Que de moyens puissants d'explorer l'intelligence, d'enseigner la prononciation sans communication verbale, et de donner enfin la raison de l'orthographe usuelle, sans en écrire les règles nulle part.

EXCEPTIONS ET DIFFICULTÉS.

femme. | prudemment.

insolemment. |

indemnité. | solennel.

hennir. | rouennerie.

œillade. | sœur. | cœur.

nez. | assez. | déjeuner.
berger. | boucher. |
encrier. | papier. | éco-
lier. | léger. | pommier. |
objet. | poulet. | soufflet.
plumet. | paquet. |
perroquet. | bref. | chef.
grief. | relief. | appel.
ciel. | dégel. |
manuel. | mortel. | idem.
abdomen. | hymen.
amer. | hiver. | éther.
fier. | cher. | enfer.
hier. | bec. | grec. |
sec. | silex. | aoriste. |
rhum. | minimum. |
maximum. | muséum |
décorum. | te deum.
gageure. | vœu. | août. |
mameluk. | sangsue. | paon.
faon. | taon. | punch. |
rumb. | intérim. |
immortel. | immuable. |
innovation. | haïr. | naïf.
frayeur. | tuyau. |
paysan. | bayonnette. |

citoyen. | noyau | royaume. | gruyère. | fuyard. | aiguille. | contiguité. | inextinguible. | alguazil. | questeur. | équilatéral. | équiangle. | équestre. | équitation. | quintuple. | aquarelle. | aquatique. | équateur. | quadrupède. | quaterne. | quatuor. | cheptel. | indomptable. | promptitude. | baptême. | compte. | sculpteur. | sept. | condamnation. | automne. | asthme. | asthmatique. | isthme. | digestion. | modestie. | septième. | centième. | soutien. | ignition. | stagnation. | inexpugnable.

FIGURATION DE QUELQUES NOMS PROPRES.

Aix. | Auxerre. | Auxonne. | Béarn. | Bruxelles. Caen. | Camoëns. | Cook. Cooper. | du Guesclin. Duquesne. | Gessner. Gluck. | Goethe. | Goldsmith. | le Guide. | Guise. John. | Kreutzer. | Lewis. | Malesherbes. | Marlborough. | Metz. | Montaigne. | Newton. | Quinte-Curce. | Quintilien. | Reggio. | Regnard. | Shakespeare. | Shéridan. Shilly. | Staël. | Tycho-Brahé. | Valachie. | Wighs. | Xante. | Xantippe. Xavier. | Xénophon. Xérès. | Xercès. Ximénès.

Dans le tableau alphabétique ci-contre, qu'il sera bon de rendre familier aux élèves, il faut toujours, avant chaque hiéroglyphe, sous-entendre les mots *se prononce.*

ORDRE ALPHABÉTIQUE.

A a	â / an, am / ain / ai, aient / au, aux
B b	bl / br
C c	devant e, i, y, et avec a, o, u / cl / cr / ch / ç
D d	en liaison à la fin des mots / dr
E é	è / ê, est / eu / eux / er / en, em
F f	en liaison à la fin des mots / fl / fr
G g	devant e, i, y, et avec a, o, u / gl / gn / gr
H h	lettre nulle à la voix, tantôt muette, tantôt aspirée.
I i	î / in, im / il, ill
J j	
K k	semblable à c devant a, o, u, et à q
L l	se prononce quand il est précédé de i, excepté *ville, mille.*
M m	
N n	se lie à la voyelle qui suit après les mots *mon, ton, bien, rien,* etc.
O o	ô / oi, oit, oient / on, om / œu
P p	ph / phr / pl / pr
Q q	toujours suivi de u, excepté dans *coq* et *cinq.*
R r	final, se lie toujours à la voyelle qui suit.
S s	en liaison et entre deux voyelles, excepté *préséance,* etc.
T t	quelquefois devant i / ne se prononce jamais dans le mot *et* / tr
U u	û, ue / un, um
V v	vr
X x	ou ou ou suivant les cas. Toujours en liaison.
Y y	composé de deux i dont le dernier est plus long: ye / yeux
Z z	à la fin de quelques noms propres, comme *Rodez,* etc.

Pauses de l'écriture. La plus petite, — plus longue; — plus longue encore : — la plus longue.

Points d'interrogation? — d'exclamation! — de suspension.....

L'apostrophe ' marque l'élision d'une voyelle. Le tiret - sert à lier deux mots.

Le tréma ¨ indique que la voyelle sur laquelle il est placé doit être prononcée isolément.

Accents: L'aigu ´ fait élever la voix; le grave ` fait abaisser la voix; le circonflexe ^ tient des deux.

LECTURE DU LATIN.

En règle générale, toutes les lettres se prononcent, excepté **h**, qui cependant, lorsqu'il est précédé de **p**, forme avec lui, comme en français, l'articulation

au se prononcent toujours  ; **æ** et **œ**, ; **ch**,

e se prononce toujours, comme s'il était accentué, ou

gn se prononcent toujours

gu / **qu** devant **e, i** ; devant **a** ; devant **o**

am devant **b** ou **p**

em —

im —

om —

um — ; à la fin des mots, et devant les syllabes finales **ne**, **per**, **que**, **ve**,

an devant une consonne autre que **n**,

en —

in —

on —

un — , excepté devant **c** terminant la syllabe, où ils se prononcent

Les phrases latines suivantes, extraites de la méthode ingénieuse de M. l'abbé Benoît, renferment l'application de la généralité de ces règles.

Linguæ intemperantia multiplex semper excitavit certamen: sæpe ad bellum impulit, multumque in societatem damnum intulit. Charitatis autem et beneficentiæ blandimentum egregiam animam arguit, nunquam sanguini fundendo causam suggerit, sed amicitiam auget.

Linguam igitur coerce silentio, quod soli dedignantur imprudentes. Mœrenti aut membris non valenti largam impendas eleemosynam; tunc comparaberis umbraculo quod à vitæ æstu laborantes defendit, sicque semper eris contentus.

Si, dans les premiers exercices de cette lecture, l'élève ne s'attache point à la *lettre*, à la fin, au contraire, il ne doit plus s'occuper de l'hiéroglyphe. Tous les efforts doivent tendre à ce but; et les images qui ont servi d'intermédiaire entre la parole parlée et la parole écrite, ne doivent plus être considérées que comme des moyens de contrôler la voix et de vérifier ce que l'on apprend. Il faut donc prescrire aux élèves de se cacher souvent les images, d'essayer de lire sans leur secours, en faisant des comparaisons entre les lettres, des confrontations de ce qui est connu avec ce qui est encore inconnu.

C'est surtout dans l'étude solitaire que ces rapprochements doivent produire les meilleurs résultats. Il faut environ huit heures de soins pour mettre un adulte dans le cas d'étudier désormais seul; mais il a besoin d'un guide dans ces leçons préliminaires, pour être initié aux mystères de la lettre; et dès-lors il peut lire seul, si telle est sa volonté. C'est une expérience faite : il sera facile de la vérifier.

Quoique tous les modes conviennent à cet enseignement, et que les pratiques soient également bonnes, voici la marche générale suivie par l'auteur, et les procédés auxquels il a cru devoir donner la préférence.

La lecture est naturellement divisée en quatre classes :

1re *classe*. Connaissance des lettres et épellation.
2e — Syllabisation.
3e — Lecture par mots.
4e — Lecture courante.

Epellation.

Les élèves étant placés devant le grand tableau, le maître montre le cadre des sons ou images noires, et dit, sans autre préambule : *Voilà le commencement des mots*. Puis, indiquant la première figure, il prononce à voix haute A, et le plus bas possible (mais toutefois de façon à être entendu), *che;* coupant ensuite de la même manière les autres noms E... *pée*, I... *bou*, O... *me*, etc., il oblige les élèves à répéter, tous ensemble avec lui, puis sans lui, et enfi chacun à leur tour, l'initiale hiéroglyphique, c'est-à-dire la valeur de la lettre.

Passant ensuite au cadre des articulations ou images blanches, le maître dit : *Voilà la fin des mots;* et après avoir énoncé à voix basse, comme ci-dessus, *bom*, il prononce tout haut **Be**, et ainsi du reste des figures *bro*... **Ce**, *cor*... **De**, *gri*... **Fe**, etc., en indiquant chaque fois avec sa baguette l'hiéroglyphe énoncé, et en expliquant ceux qui ont besoin de l'être, comme *souffle*, *seigle*, *pampre*, et les deux onomatopées figurées par le rémouleur qui aiguise du fer  **GZe**, et la main qui excite un chien **KSe**.

L'on continuera ainsi, d'après l'ordre des images dans chaque cadre, puis sans aucun ordre entre les signes d'une même couleur, et enfin sans égard aux couleurs blanche et noire, dans toute l'étendue du tableau, en répétant les sons des figures difficiles à retenir, jusqu'à ce que tout hiéroglyphe soit énoncé rapidement, suivant sa valeur phonétique initiale ou finale, à la première indication faite au hasard.

Dès que les élèves connaissent imperturbablement ces valeurs, ils ouvrent ce livre à la page 7, cherchent à y reconnaître les hiéroglyphes réduits, et le maître les leur fait énoncer dans l'ordre où ils se présentent : *é*, *le*, *ce*, *o*, etc, du haut en bas dans chaque colonne, en faisant observer que l'ordre de l'écriture forme une ligne, et l'ordre des images une colonne (soit qu'il n'y en ait qu'une, soit qu'il y en ait deux ou trois superposées), que ces colonnes d'images sont séparées par des blancs ou des barres; et après avoir muni les élèves d'une petite bande de carton ou papier plié, afin de mieux suivre ces divisions, il fait les questions suivantes :

Combien y a-t-il de lignes dans cette page? Réponse : 7.
Combien de colonnes d'images sur la première ligne? R. 13.
Combien d'images dans la première colonne? R. 1.
— dans la deuxième colonne? R. 1.
— dans la troisième colonne? R. 2.
— dans la quatrième colonne? R. 3, etc.

Ceci bien reconnu, on procèdera à l'épellation comme il est indiqué à la page 6 : d'abord tous ensemble, maître et élèves; ensuite les élèves seulement, et enfin ces derniers chacun à son tour, suivant un ordre de numéros et même sans ordre, afin de mieux fixer l'attention générale. Ces procédés s'appliquent à tous les degrés; et l'on donnera pour limite de la récitation individuelle la *syllabe*, le *mot*, la *ligne* ou la *page*, en passant d'un mode à un autre avec ces seuls mots d'avertissement : *Ensemble*, ou *Séparément*.

Les monosyllabes seront appelés tout simplement de *petits mots*; les polysyllabes, de *grands mots;* les hiéroglyphes, des *images;* les lettres seules s'appelleront toujours les *lettres*, afin de ne point confondre ces divers symboles; et l'on ira ainsi jusqu'à la fin de l'*Histoire de Joseph*, en accélérant par degrés l'épellation, mais seulement après une première lecture.

Syllabisation.

Recommencer le livre, en ne faisant entendre cette fois que les syllabes, et laissant assez d'intervalle entre chacune d'elles pour donner aux élèves le temps d'assembler à voix basse les deux ou trois valeurs des hiéroglyphes superposés. C'est à ce degré surtout qu'il importe d'enseigner le mécanisme des sons et articulations composés de plusieurs signes; quoiqu'ils n'exigent qu'une émission de voix. On les reconnaîtra toujours aux différences qui existent entre le nombre des lettres et celui des hiéroglyphes; comme il est expliqué à la page 73; mais, dans tous les cas où il s'agit de la lettre, on n'astreindra pas à l'épellation moderne, qui n'est de rigueur que dans l'énonciation des images. Ainsi, l'écolier qui a lu *Te an* dans l'hiéroglyphe, pourra, sans inconvénient, nommer les lettres qui entrent dans ce monosyllabe Temps: *Té, é, ème, pé, ess.* Précipiter la syllabisation à une seconde lecture.

Lecture par mots.

Parcourir tous les exercices du livre, mais en négligeant les liaisons indiquées dans le *Ver luisant.* Tout mot inconnu peut se lire au moyen des hiéroglyphes superposés parallèlement à l'écriture, si l'on prononce chaque image sans s'arrêter, comme

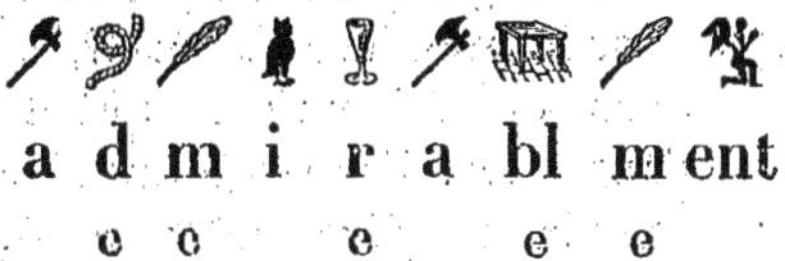

a d m i r a bl m ent
e e e e e

Lecture courante.

Commencer la lecture par le *Ver luisant,* en avertissant que l'image placée entre deux tirets oblige à lier la consonne finale d'un mot à la voyelle initiale d'un autre mot qui suit, c'est-à-dire à la faire sonner avec. Revenir ensuite à la page 7, en liant les mots suivant l'usage. Passer aux exemples d'*Exceptions* ou *difficultés*, expliquer la table qui présente l'ordre alphabétique, et terminer par la lecture du latin.

ÉCRITURE.

CARACTÈRES D'ÉCRITURE.

a b c d e f g h i

j k l m n o p q

r s t u v x y z

ÉCRITURE.

Un traducteur de Lucien donne une origine galante à nos lettres françaises, en attribuant leur invention à un jeune chasseur amoureux « qui exprimait tout ce qu'il avait à dire sur le sable du rivage, » au moyen des diverses empreintes de son javelot et de son cor. »

Depuis, on a répété plus gravement dans les écoles que l'*i* était le radical des droites, et l'*o* le radical des rondes; que l'écriture, essentiellement géométrique, avait ses éléments dans la ligne droite et le cercle. Tout cela est exactement vrai; mais je préfère les images du javelot et du cor. Et pour fournir à mon tour un exemple hiéroglyphique, on trouvera dans ces quatre hommes d'armes, ou plutôt dans leurs lances et leurs boucliers, le canevas rigoureux de nos vingt-cinq lettres cursives, qui en sortiront uniformes, régulières, et semblables à celles de la page ci-contre :

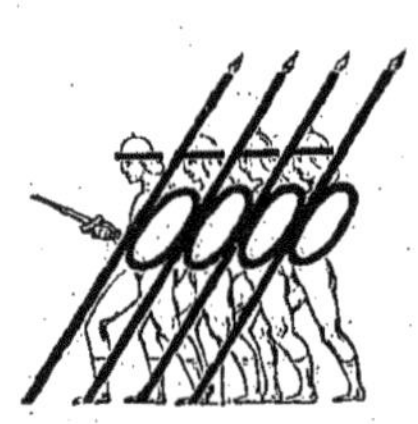

..... limite des ascendantes.

..... limite du *p*, du *t* et de l'accentuation.

..... }corps d'écriture.
.....

..... limite des descendantes.

Cette simple figure, placée comme un transparent ordinaire, suffit pour construire successivement chaque lettre. C'est un guide assuré de l'œil et de la main dans toutes les délinéations, un tracé qui contient d'avance tous les dessins que l'on veut faire, si l'on néglige à propos les traits superflus.

On placera donc un papier mince sur ce transparent pour montrer à l'élève la formation de toutes nos lettres, en commençant par les plus faciles, c'est-à-dire par celles qui offrent une analogie plus frappante avec le tracé. Ou bien encore, ce qui est préférable, on lui fera calquer au crayon ces lignes obliques et ces ellipses, pour opérer ensuite sur cette esquisse, qui est plus claire à l'œil. Ce procédé offre de plus l'avantage d'exercer la main à se servir de la plume, qui est elle seule une difficulté. Ce n'est, du reste, que le système des *O* et des barres /, rajeuni et poétisé, n'obligeant plus les doigts à des tours de force, ni l'esprit à une complète abnégation de lui-même dans des exercices préparatoires qui ne finissaient jamais. L'intelligence de l'élève n'est plus arrêtée dans son développement, puisqu'elle pourrait s'élever de prime saut à l'écriture courante sur ces canevas calligraphiques, dont les configurations présentent la décomposition de la lettre aussi bien que l'ensemble du mot, et encouragent à les suivre, en promettant à chacun selon ses œuvres.

Pour la lecture, il a été donné un livre aussitôt que l'élève a connu la lettre parlée. Dès qu'il connaît la lettre écrite, il reçoit dans une seule page (dans quelques lignes) des volumes d'écriture (planche 5 ci-contre [1]); car il y trouve, avec les plus simples éléments de la phrase, la phrase elle-même, qu'il lui est facile de construire, en traduisant lettre par lettre chaque mot qu'il sait lire. Or, s'il transforme par la pensée le caractère imprimé en signe cursif, c'est qu'il connaît les différences de formes; et s'il distingue ces formes, c'est qu'il en comprend les valeurs.

Mener ainsi de front la lecture et l'écriture, c'est leur donner un appui mutuel, les expliquer l'une par l'autre, et jeter en même temps la meilleure base de l'orthographe usuelle, qui doit frapper la mémoire des yeux, et ne choquerait que l'oreille si l'on voulait l'enseigner par l'épellation de tant de lettres superflues.

Cette figure présente également toutes les configurations des majuscules, et, malgré la raideur des formes, en fait parfaitement connaître les principes. Mais l'on comprend que tous ces transparents ne doivent être considérés que comme des moyens mécaniques d'expliquer une théorie, des instruments pour arriver plus tôt au but, et qu'il faut abandonner dès que l'élève peut se passer d'eux. Il lui restera d'ailleurs un tel souvenir de ces lignes uniformes et régulières, qu'il croira les voir encore sous son papier long-temps après qu'elles n'y seront plus.

Pour exercer aussi la mémoire de l'oreille, on fera faire de temps à autre quelques compositions aux élèves, soit en se bornant à indiquer les figures nécessaires à la phonation, soit en se servant d'hiéroglyphes mobiles (2), sous lesquels on écrirait ensuite l'orthographe du mot pour donner deux leçons à la fois.

(1) Ces planches doivent être détachées du livre.

(2) Il sera déposé chez les libraires, des feuilles d'hiéroglyphes mobiles qu'il suffira de coller sur un carton et de découper pour les compositions, et aussi pour interlinéer les écritures difficiles. On y trouvera également des tableaux alphabétiques grand format pour les écoles, et des transparents pour la correction de l'écriture.

HIÉROGLYPHES MOBILES.

SONS OU COMMENCEMENTS DES MOTS.

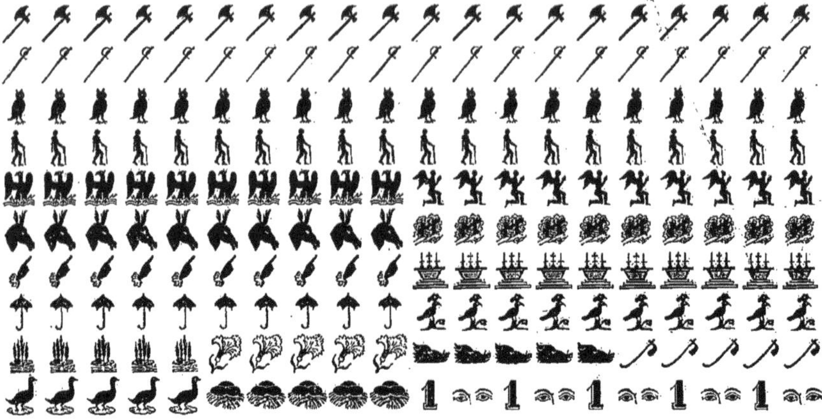

ARTICULATIONS OU FINS DES MOTS.

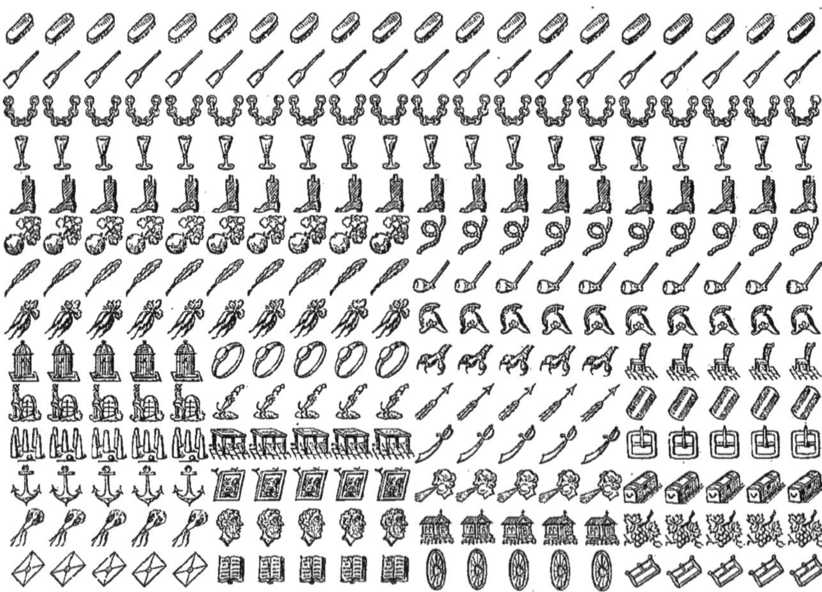

Coller cette page sur un carton, découper les Hiéroglyphes et les placer dans un casier pour la facilité des compositions.

Si l'on veut en faire une écriture permanente, fixer ces découpures sur un plan fraîchement gommé, en se servant de petites pinces dites Brucelles.

PRINCIPES D'ÉCRITURE

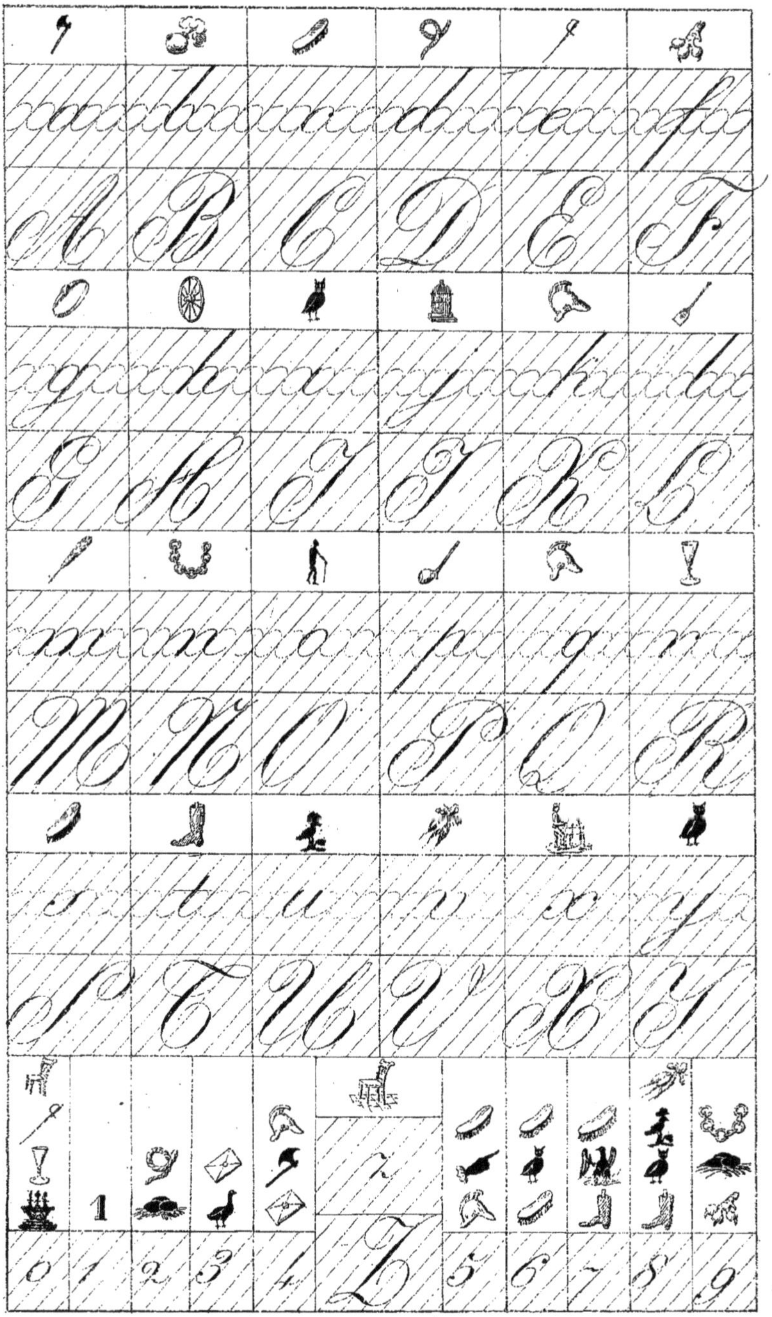

a	b	c	d	e	f
A	B	C	D	E	F
g	h	i	j	k	l
G	H	I	J	K	L
m	n	o	p	q	r
M	N	O	P	Q	R
s	t	u	v	x	y
S	T	U	V	X	Y

					z / Z					
0	1	2	3	4		5	6	7	8	9

TRANSPARENT

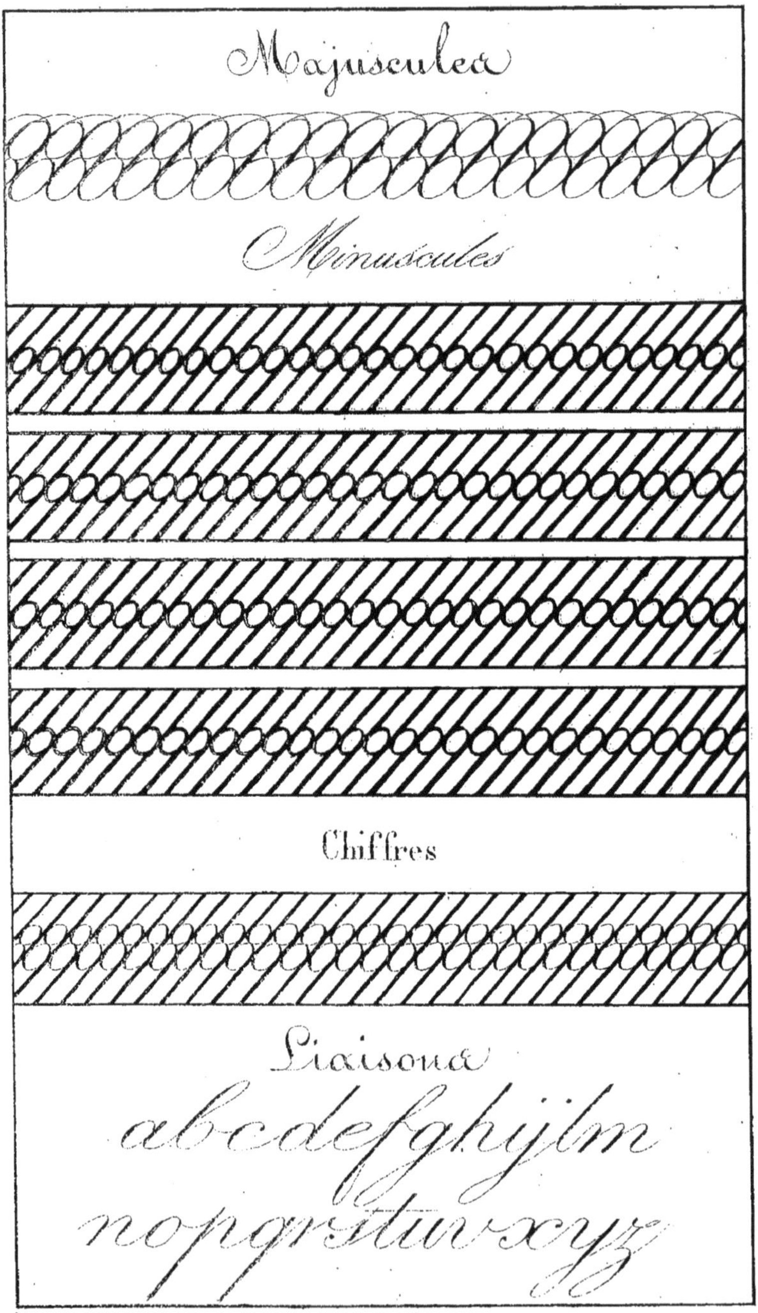

Majuscules

Minuscules

Chiffres

Liaisons

abcdefghijlm

nopqrstuvxyz

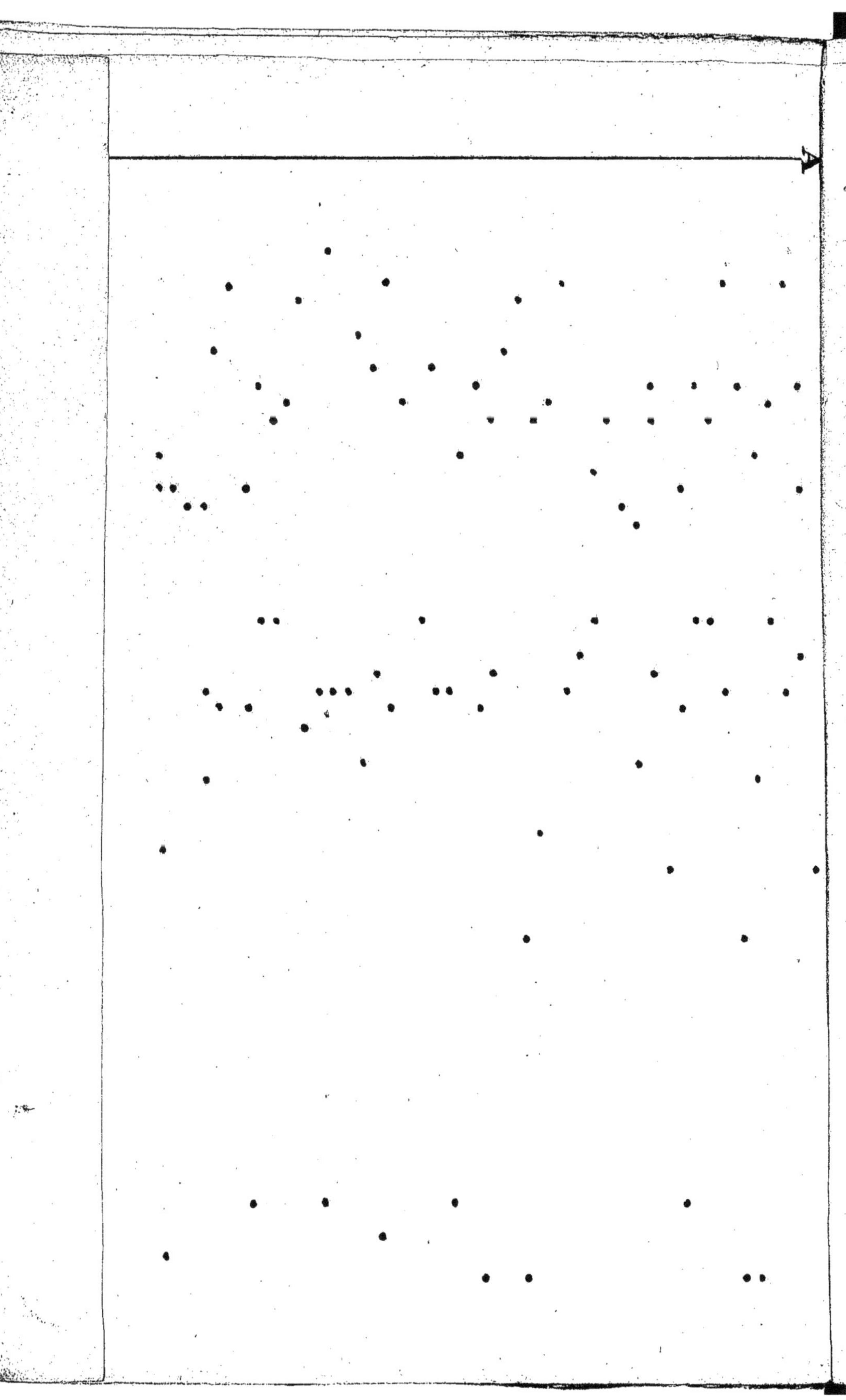

MÉDÉNOGRAPHIE.

Quoique l'élément de cette écriture soit une figure sans étendue, il n'a pas moins de puissance que les signes les plus complexes: car chacun de ces points représente un son ou une articulation en raison de la place qu'il occupe; et, grace à ces points, l'imagination tire à son gré du néant la syllabe ou le mot qui est mystérieusement caché dans l'alphabet. Ce sont des créations de rien, des ombres errantes de la parole, des atomes intelligents dont on pourrait dire comme de ceux de Lucrèce : « *Le soutien de leur être est la simplicité.*

Cette théorie est si facile qu'elle ne demande ni mémoire, ni démonstration; et, suivant l'expression de certain auteur, on est certain d'en avoir le dernier mot, puisqu'il est possible de l'enseigner en quelques paroles à un passant dans la rue.

VOICI CETTE EXPLICATION :

POUR LIRE,

Faire glisser lentement le Médénographe le long d'une règle placée sur la ligne A, et lire en assemblant de gauche à droite les points qui se trouvent placés sur une même ligne horizontale.

POUR ÉCRIRE,

Placer un point au crayon sous chaque signe nécessaire à la composition, et faire glisser le Médénographe, le long d'une règle placée sur une ligne A, de manière à se cacher successivement les points de chaque ligne horizontale.

Suivre l'appellation moderne *be, ce, de,* etc.

Afin de ne laisser aucune équivoque sur la manière d'écrire les noms hiéroglyphiques qui ont servi d'éléments à tant de combinaisons, on fera traduire ces noms en cursive sur le transparent; et l'on exigera que l'élève les lise plusieurs fois, afin de mieux graver cette orthographe dans la mémoire des yeux.

Voici ces noms :

SONS.

hache.	épée.	hibou.	homme.
huppe.	âne.	haie.	île.
autel.	hure.	ange.	œillet.
index.	ombrelle.	un.	aigle.
œufs.	oie.	houe.	yeux.

ARTICULATIONS.

bombe.	brosse.	corde.	griffe.
bague.	cage.	pelle.	plume.
chaîne.	pipe.	casque.	verre.
botte.	raves.	chaise.	flèche.
peigne.	quilles.	table.	boucle.
souffle.	seigle.	temple.	sabre.
ancre.	cadre.	coffre.	nègre.
pampre.	lettre.	livre.	scie.
le KS *au chien.*	roue.	*le* GZ *du rémouleur.*	

L'Ecriture se divise aussi en quatre classes.

1re. Formation successive des lettres en mi-gros sur la figure page 85; tenue de la plume.

2e. Répétition sur le transparent n° 2, planche 4, et formation de quelques syllabes dictées, ou copiées, sans trop s'arrêter à ce transparent.

3e. Transformation en caractère cursif, des noms hiéroglyphiques, ci-dessus, des noms de nombre, et de quelques exercices de lecture, sur le transparent page 89.

4e. Dictée par lettres, suivant l'ancienne épellation, sur le transparent, page 89, et traduction de la page 88 ci-après, où l'on trouve les seuls exemples de cacographie que l'on puisse donner sans danger.

FABLES GRECQUES.

La Cigale et les Fourmis.

Le Vieillard et la Mort.

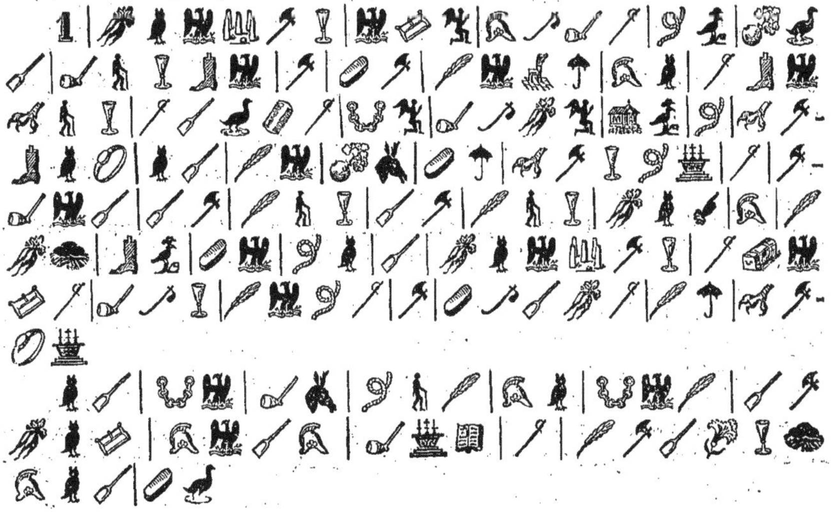

1

specimen de l'écriture du transparent

TRANSPARENT N° 3.

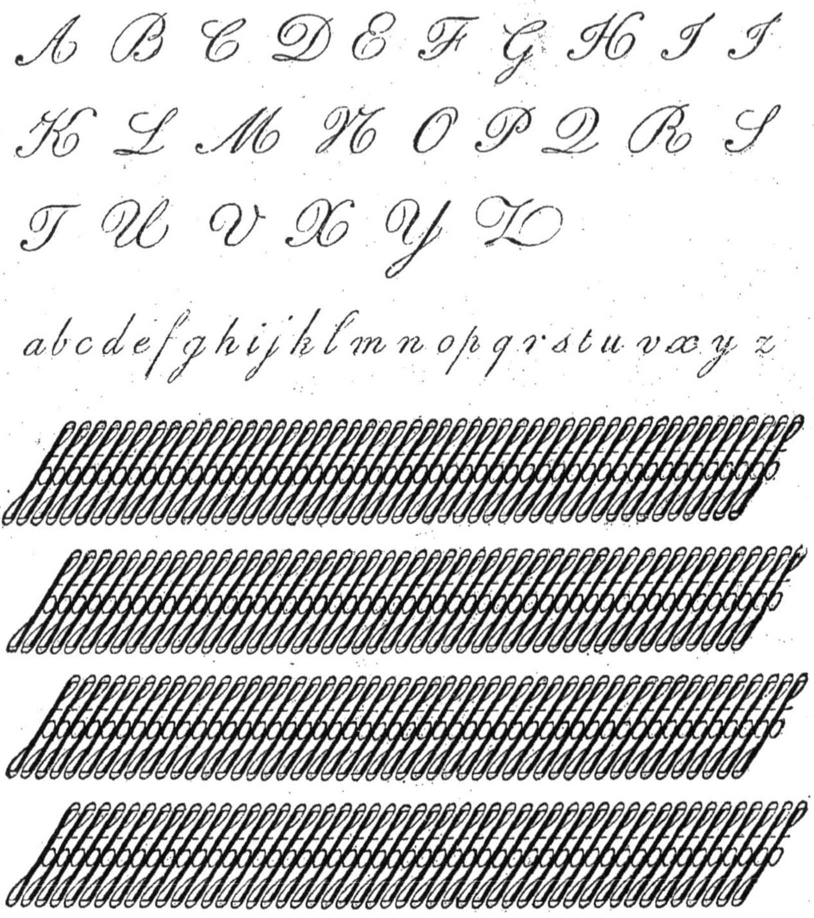

Ce régulateur pourrait être appliqué avantageusement à la correction de l'écriture, et l'habitude de s'en servir rendrait ce procédé assez expéditif pour la correspondance.

Cette page étant fixée sur un plan de verre incliné ayant un espèce d'écran à la partie supérieure, on obtiendrait assez de transparence pour pouvoir employer toute espèce de papier.

Après avoir écrit sur toutes les portées, il faut replacer la dernière ligne écrite sur la première du régulateur.

On peut calquer les majuscules au besoin.

Laisser l'intervalle d'une ellipse entre deux lettres, et de deux ellipses entre les mots.

PRINCIPES

DE NUMÉRATION.

1 2 3 4

5 6 7

8 9

1 1

.... 2

.... 3

.... 4

...... 5

..... 6

... 7

.. 8

9

45 images.

PRINCIPES DE NUMÉRATION.

Les hommes ont de tout temps éprouvé le besoin de calculer, compter, dénombrer, et ils n'ont jamais manqué de moyens artificiels pour représenter les nombres. Les uns se sont servis de cailloux, d'incisions aux arbres; les autres de cordes, de boules, de tablettes mobiles, etc. Tous les peuples paraissent avoir été unanimes dans le choix du système décuple, dont on croit trouver la raison dans la structure des mains ; quoiqu'il n'y ait que des répétitions de l'unité sans aucune trace du zéro. Mais la véritable limite de la période décadaire n'aurait-elle pas été indiquée plutôt par l'ensemble anatomique de l'homme lui-même? et ce naïf croquis à la manière égyptienne et chinoise

ne renferme-t-il pas dans ses articulations principales les 9 unités ; et dans la tête, le zéro, ce signe de nullité merveilleuse qui décuple, et qui, tantôt indispensable, tantôt superflu, paraît quelquefois ne point appartenir au système dont il est l'ame?

Et ce squelette disloqué et rangé en quinconce, avec ce crâne qui roule,

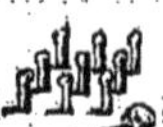

n'offre-t-il pas une nouvelle image de cet ordre numérique? ou n'est-il que la tradition d'une pratique barbare en usage dans les temps de guerres lointaines, où l'on insultait aux restes des vaincus, en jouant avec leurs os, jusqu'à ce que, pour les soustraire à cette profanation, on se fut avisé de brûler les morts?

Quoi qu'il en soit, jeu d'ossements ou de quilles, cette figure

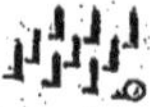

nous ramène aux éléments géométriques et graphiques, à la ligne droite et au cercle, aux images du javelot et du cor. Mais plutôt, le zéro pouvant fort bien se représenter ainsi ◯, ne trouvons-nous pas naturellement l'image du nombre dans le plus simple des hiéroglyphes, dans la moindre fraction d'une ligne, dans l'unité, si voisine du néant ou du point?

Est-il besoin de donner des noms à cette barre I, à celles-ci II, à celles-là III, pour apprendre à énoncer leurs valeurs? Il ne faut pas même savoir lire, et celui qui les voit pour la première fois saura les nommer de suite sans l'avoir jamais appris. Eh bien! en combinant ces barres de manière à ce que chaque groupe formé par elles en rappelle le nombre, en d'autres termes, de manière à ce que leur forme en exprime le nom, chacun de ces groupes ne deviendra-t-il pas un chiffre rationnel?

J'emprunte à un nouveau traité sur l'enseignement des mathématiques, et je dois à l'amitié de l'auteur, M. Busset, la communication d'une série de chiffres qui appuie mon système hiéroglyphique de toute la puissance des démonstrations visuelles.

Signes primitifs : 0

Modernes : 0 1 2 3 4 5 6 7 8 9

Restituez aux signes modernes arrondis et coquets leurs formes anguleuses et sévères : ils reprendront à l'instant leur puissance primitive; et, quoi qu'en puissent dire la calligraphie et la finance, qui veulent séduire et expédier, ces caractères, qui nous semblent barbares, sont cependant les seuls qui soient la *raison* des nombres, les seuls signes qui méritent véritablement d'appartenir à un alphabet universel.

Grace à ces unités élémentaires, l'élève apprendra d'une manière imperturbable la valeur des chiffres en les construisant; il pourra exécuter toutes les opérations premières de l'arithmétique avec les éléments mobiles de ces caractères, employant comme des jouets ces instruments avec lesquels il matérialise les symboles de la numération, jusqu'à ce qu'il connaisse parfaitement leur mécanisme et l'usage des tables (planches 5 et 6 ci-contre).

Alors il comprendra que les combinaisons de l'unité s'arrêtent à , que chaque signe isolé exprime toujours sa propre valeur; et que cette valeur est dix fois, cent fois, mille fois, etc., plus grande en raison du rang à gauche où le place le zéro dans toute période numérique.

On lui apprendra que le *rang* est la direction de nos lettres de

TABLE DE NUMÉRATION

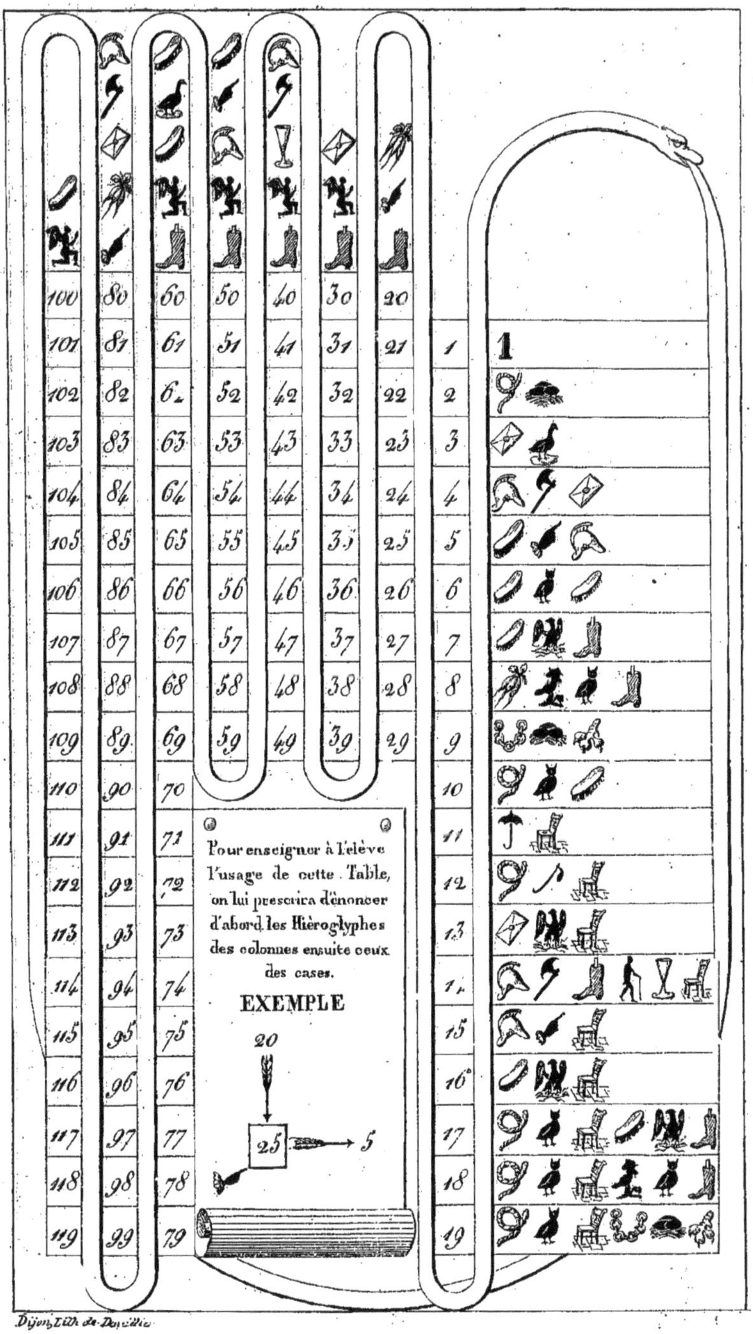

100	80	60	50	40	30	20		
101	81	61	51	41	31	21	1	1
102	82	62	52	42	32	22	2	
103	83	63	53	43	33	23	3	
104	84	64	54	44	34	24	4	
105	85	65	55	45	35	25	5	
106	86	66	56	46	36	26	6	
107	87	67	57	47	37	27	7	
108	88	68	58	48	38	28	8	
109	89	69	59	49	39	29	9	
110	90	70					10	
111	91	71					11	
112	92	72					12	
113	93	73					13	
114	94	74					14	
115	95	75					15	
116	96	76					16	
117	97	77					17	
118	98	78					18	
119	99	79					19	

Pour enseigner à l'élève l'usage de cette Table, on lui prescrira d'énoncer d'abord les Hiéroglyphes des colonnes ensuite ceux des cases.

EXEMPLE

20 → 25 → 5

Dijon, Lith. de Domillier

CARACTÈRES DE NUMÉRATION

0 1 2 3 4 5 6 7 8 9

Addition

8	8
4	4
5	5
6	6
23	23

Soustraction

6 8 5	6 8 5
3 1 4	3 1 4
3 7 1	3 7 1

1	2	3	4	5	6	7	8	9
2 2	2 4	2 6	2 8	2 10	2 12	2 14	2 16	2 18
3 3	3 6	3 9	3 12	3 15	3 18	3 21	3 24	3 27
4 4	4 8	4 12	4 16	4 20	4 24	4 28	4 32	4 36
5 5	5 10	5 15	5 20	5 25	5 30	5 35	5 40	5 45
6 6	6 12	6 18	6 24	6 30	6 36	6 42	6 48	6 54
7 7	7 14	7 21	7 28	7 35	7 42	7 49	7 56	7 63
8 8	8 16	8 24	8 32	8 40	8 48	8 56	8 64	8 72
9 9	9 18	9 27	9 36	9 45	9 54	9 63	9 72	9 81
10 10	10 20	10 30	10 40	10 50	10 60	10 70	10 80	10 90

Multiplication & Division

Multiplication

43	43
2	2
86	86

Division

42 | 6	42 | 6
7	7

droite à gauche; la *colonne*, celle des hiéroglyphes superposés de haut en bas; et que ces colonnes agglomérées de trois en trois prennent le nom de centaines, dizaines, unités, pour former des tranches de millions, mille, unités.

|c|x|i| |c|x|i| |c|x|i|

Enfin, pour qu'il sache parfaitement le rôle du zéro, dont il comprend mieux la forme brisée et parlante, on lui fera nommer cette agrégation 1◯ une dizaine d'unités ou dix; celle-ci 2◯, deux dizaines d'unités ou vingt, etc.

En admettant que l'élève ne connaisse absolument rien en arithmétique, s'il s'avise de superposer ses chiffres en colonne, l'addition n'est plus qu'un simple dénombrement qu'il abrègera bientôt en comprenant la nécessité de compter par symboles ou collection d'unités. Agit-il sur des rangées : il soustrait ou divise d'une manière aussi matérielle. Aborde-t-il la multiplication, qui est pour ainsi dire l'idéologie de l'arithmétique : à défaut de mot plus clair pour l'expliquer, il est préférable de lui faire exécuter cette opération en détail, et de lui dire tout simplement de doubler, tripler, quadrupler, etc., chaque chiffre supérieur par l'inférieur, en attendant que l'on puisse se servir des termes mystérieux de multiplicande et de multiplicateur.

L'emploi de ces moyens matériels est lent (1), il est vrai, mais le résultat est infaillible; l'élève trouve ensuite de lui-même une partie des procédés abréviatifs, ou les comprend avec la plus grande facilité à la première indication. Il sait surtout que ses brins de bois ou de paille sont des unités représentatives de quantités qui ne sont que dans la nature, et que les signes qui sortiront plus tard de sa plume, chiffres, lignes ou symboles, ne sont que des images de l'unité. Plus il approfondit l'art, mieux il possède la science; et tout ce mécanisme, loin d'appesantir son esprit, ne fait que le préparer d'une manière durable aux théories les plus subtiles sur la science des nombres.

La 1re classe comprend la démonstration des chiffres et la comparaison des anciens avec les modernes, sur le tableau noir; dans la 2e, on enseigne l'usage de la table de numération; dans la 3e, les règles simples et les *tables* de multiplication; dans la 4e, la division et les règles composées.

(1) Ils ne conviennent même qu'à l'enseignement individuel. Pour une école, toutes ces démonstrations doivent se faire sur un tableau noir.

B	A	C
	zéro......... 0	
	un.......... 1	
	deux........ 2	
	trois........ 3	
vingt.........20	quatre....... 4	
trente........ 30	cinq......... 5	
quarante. 40	six.......... 6	
cinquante..... 50	sept........ 7	
	huit......... 8	
	neuf........ 9	60 soixante
		80 quatre-vingts
	dix..........10	100 cent
	onze.........11	1000 mille
	douze.......12	
	treize.......13	
	quatorze.....14	
	quinze.......15	
	seize........16	
	dix-sept.....17	
	dix-huit.....18	
	dix-neuf.....19	

Pour apprendre à écrire tous les noms de nombres, parcourir les colonnes A, B, C, dans leur ordre alphabétique, en combinant chacun de ces noms placés dans B C avec ceux de A suivant leurs accolades. Arrivé à cent dix-neuf, recommencer en ajoutant après les centaines les mots mille, million, billion, trillion etc.; enseigner aux élèves les modifications que subissent les chiffres 60 et 80 avec 10, 11, etc.. et la suppression du zéro.

LANGUES ÉTRANGÈRES.

ESSAI

SUR L'APPLICATION DES HIÉROGLYPHES

A la Prononciation des Langues étrangères.

Cette faculté des hiéroglyphes, de ne faire dire à la lettre que ce qu'il faut qu'elle dise, devient plus précieuse encore lorsqu'il s'agit d'idiomes écrits, dans lesquels les signes qui nous sont familiers n'ont plus les mêmes valeurs, et nous trompent sans cesse par la ressemblance de leurs formes et la différence de leurs sons.

Cependant, pour exprimer toutes les vocalisations étrangères, il nous manque quelques symboles qui ne peuvent se trouver que dans les objets figuratifs dont il nous faudrait apprendre à prononcer les noms, où seraient contenus, par exemple, la prononciation véritable du *ch* allemand, du *x* espagnol, du *th* anglais, etc.; de la même manière que nos figurines  seraient d'un grand secours à ceux dont notre u, nos ill et gn font le désespoir.

Il faudrait sans doute une communication verbale, mais seulement pour l'enseignement de quelques sons, dont les reproductions seraient ensuite toujours clairement indiquées par les images, qui sont en petit nombre, et qu'il ne faudrait apprendre qu'une fois. Faisant aussi abstraction de l'accent, type original et insaisissable que les maîtres ou le pays ne donnent pas après coup, les figurations hiéroglyphiques ne sont-elles pas les plus simples, les plus précises et les plus promptes en même temps, puisqu'il nous suffirait d'étudier quelques modalités inconnues, et que les étrangers pourraient triompher de toutes les difficultés de la langue française avec 55 mots, dont la plupart sont si faciles à prononcer?

Aplanir de tels obstacles, c'est étendre nos relations, notre confraternité européenne : car plus les peuples arriveront facilement à nous, et plus nous irons aisément à eux, sur cette route déblayée, élargie, où les langues écrites et parlées viendraient peut-être se fondre un jour en une seule, pour nous réunir dans un même esprit. Si tel est le but, pourquoi ne pas tenter le moyen, quand l'expérience est si facile? Que chaque nation construise en même temps son alphabet figuratif, qu'elle en interligne ses livres pour l'instruction des étrangers. Une langue nouvelle est une science nouvelle, et les posséder toutes équivaut peut être à un sens de plus. C'est pourquoi la philosophie a sans cesse recherché cette étude, et entrevu l'alphabet universel dans tous ses rêves de perfectibilité.

Nous en sommes loin sans doute, mais nous y marchons, et la seule route à suivre est celle où l'Egypte a planté ses jalons. Car lorsqu'on aura usé la lettre typographique, épuisé les combinaisons des sténographes; c'est encore à l'hiéroglyphe qu'il faudra revenir, c'est-à-dire aux images des êtres qui ont un cri, et des choses qui font un bruit, à des caractères similaires et onomatopées, comme seraient à peu près

S. F. qui ressemblent au serpent et à la faux, dont S exprime le souffle, et F le bruit imitatif du coup de faux, bruit qu'on ne saurait guère rendre autrement... Ainsi du Ψ, qui représente une flèche et en rappelle le sifflement.

Que l'on montre à des enfants de diverses nations, une brebis, un âne, etc. : et ils les appelleront d'un commun accord *bé, ian,* sans hésiter. C'est donc la voix qui caractérise le signe parlé, comme l'image en représente le signe écrit.

Pourquoi ne reviendrait-on pas un jour à ce système si naturel, quand nos symboles conventionnels représentatifs de la parole ne la représenteront plus? C'est avec de pareils éléments que l'on pourra former non-seulement un langage universel, mais encore éternel, puisqu'il ne pourrait s'altérer par l'influence des civilisations et des climats. C'est dans la nature parlante, encore une fois, qu'il faudra recueillir la parole pour la matérialiser avec des images; et si elle n'est pas là, il ne faut pas la chercher ailleurs : car on ne saurait trouver nulle part ce qui n'est pas dans tout.

C'est au bon sens public à faire les premiers essais de moyens dont la science saura plus tard étendre les résultats; et ces essais ne sauraient d'abord avoir pour but la création d'une langue générale, mais seulement l'étude, le déchiffrement des idiomes particuliers. Avant de parler à l'univers, il faut nous faire entendre de nos voisins, et pouvoir les entendre à notre tour. L'hiéroglyphe doit partir d'un centre, quelque petit qu'il soit, gagner lentement de proche en proche en se grossissant comme la boule de neige ; et plus tard, devenu colosse, poussé par des mains vigoureuses, entraîner avec lui sans effort le monde civilisé.

Combien de temps lui faudra-t-il pour accomplir ce grand œuvre, pour se mettre en mouvement? où sera son point de départ? c'est ce qu'on ne peut prévoir, tant les inventions utiles ont des origines obscures et des développements tardifs.

L'imprimerie tabellaire en usage à la Chine, appliquée ensuite en Europe à la reproduction de grossières images, n'a enfanté la lettre mobile qu'après plusieurs siècles. La lithographie, découverte à nos portes, a mis près de vingt ans pour traverser le Rhin. Le trou du volet par lequel Porta vit la chambre noire, vient de conduire il y a seulement quelques jours à l'admirable découverte qui fixe les images de la nature.

On trouvera peut-être un jour aussi le moyen de fixer les voix harmonieuses, de nouvelles statues de Memnon, en faisant du soleil un organiste, comme Daguerre en a fait un dessinateur. Mais quel que soit le progrès de la science et le parti qu'elle puisse tirer un jour des hiéroglyphes, il ne s'agit maintenant que de les soumettre à la plus simple des expériences sur nos langues latines mortes et vivantes.

Le chapitre suivant, extrait du Pantagruel, est plutôt l'indication du procédé (1) qu'un spécimen du genre : car il n'a d'autre mérite que de présenter une scène polyglotte toute faite comme celles de Patelin, et du Triumphus Cæsaris, mais plus connue, plus enjouée, et composée de langues plus vulgaires. J'en ai supprimé les jargons, et, pour ne négliger aucun genre d'utilité, restitué les véritables caractères allemands et grecs. J'y ai de plus ajouté la traduction littérale des six textes en hiéroglyphes purs, afin de réparer les incohérences du mot à mot interlinéaire. Ce n'est point un appât illusoire offert à la curiosité du lecteur : car s'il a daigné parcourir les pages élémentaires, il n'a besoin, pour ce déchiffrement, d'aucun secours étranger. Il possède la méthode dès qu'il connaît le nom des hiéroglyphes ; et ces derniers ne peuvent faillir : car s'ils ont la faculté de traduire toute écriture, c'est qu'ils sont eux-mêmes d'avance tout ce qui peut être écrit. Cette figuration est sans doute fautive ; mais, comme toute écriture mobile, elle est facile à rectifier par des mains plus habiles ; et si ces caractères, avec leurs valeurs incontestables mais toutes françaises, sont incomplets, on peut aisément en ajouter à la fonte, tout aussi bien que rejeter dans le creuset ceux qui paraîtraient superflus.

(1) L'auteur de cette méthode se propose de publier un ouvrage spécial, contenant la prononciation figurée de l'anglais et de l'allemand.

CHAPITRE IX DU Ier LIVRE DE RABELAIS.

Comment Pantagruel trouva Panurge, lequel il ayma toute sa vie.

.... Et, ainsy que il feut on droict d'entre eulx Pantagruel luy dist. Mon amy, ie vous prye que ung peu vueillez icy arrester et me respondre a ce que vous demanderay, et vous ne vous en repentirez point; car iay affection très grande de vous donner ayde a mon pouoir, en la calamité ou ie vous voy, car vous me faictes grand pitié. Pourtant, mon amy, dictes moy, qui estes vous? dou venez vous? ou allez vous? que querez vous et quel est vostre nom? le compaignon luy respond en langue germanicque :

ALLEMAND.

Junker, Gott geb euch Glück
Gentilhomme, Dieu donne à vous bonheur

und Heil zuvor. Lieber Junker,
et salut d'abord. Cher gentilhomme,

ich laß euch wissen, daß das,
je fais à vous savoir que ce

worüber ihr mich fragt, ein arm=
sur quoi vous me interrogez une pau-

es und erbärmliches Ding
vre et pitoyable chose

ist, und es wäre viel da=
est, et il serait beaucoup de

A quoy respondist Pantagruel : Mon amy ie nentends point ce barragouin ; pourtant, si voulez quon vous entende, parlez aultre languaige. Adoncques le compaignon luy respondist :

ITALIEN.

Signor mio, voi vedete
Seigneur mien, vous voyez

per esempio che la corna-
par exemple que la corne-

musa non suona mai, s'el-
muse ne sonne jamais si el-

la non ha il ventre pieno: co-
le ne a le ventre plein: ain-

sì io parimente non vi sa-
si moi pareillement je ne vous sau-

prei contare le mie fortu-
rais conter les miennes aventu-

ne, se prima il tribulato
res, si d'abord le tourmenté

ventre non ha la solita re-
ventre ne a la accoutumée ré-

fezione. Al quale è av-
fection. Au quel il est a-

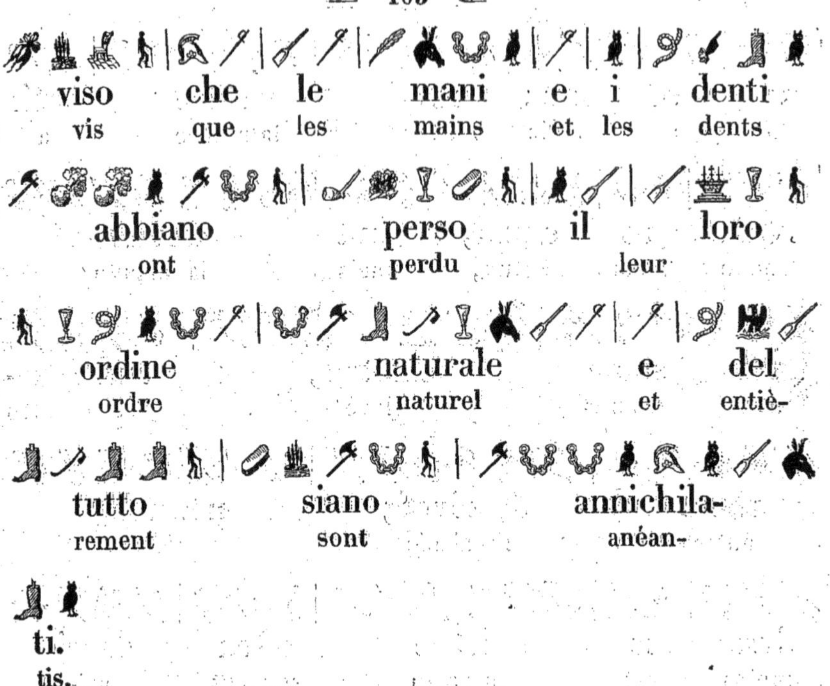

viso che le mani e i denti
vis que les mains et les dents

abbiano perso il loro
ont perdu leur

ordine naturale e del
ordre naturel et entiè-

tutto siano annichila-
rement sont anéan-

ti.
tis.

A quoy respondist Epistemon : Autant de lung comme de l'aultre. Dont dist Panurge.

ANGLAIS.

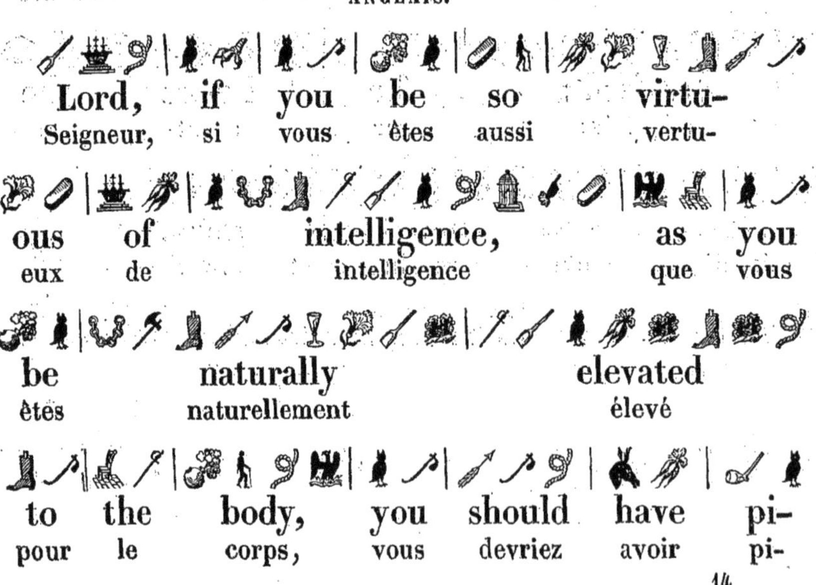

Lord, if you be so virtu-
Seigneur, si vous êtes aussi vertu-

ous of intelligence, as you
eux de intelligence que vous

be naturally elevated
êtes naturellement élevé

to the body, you should have pi-
pour le corps, vous devriez avoir pi-

14

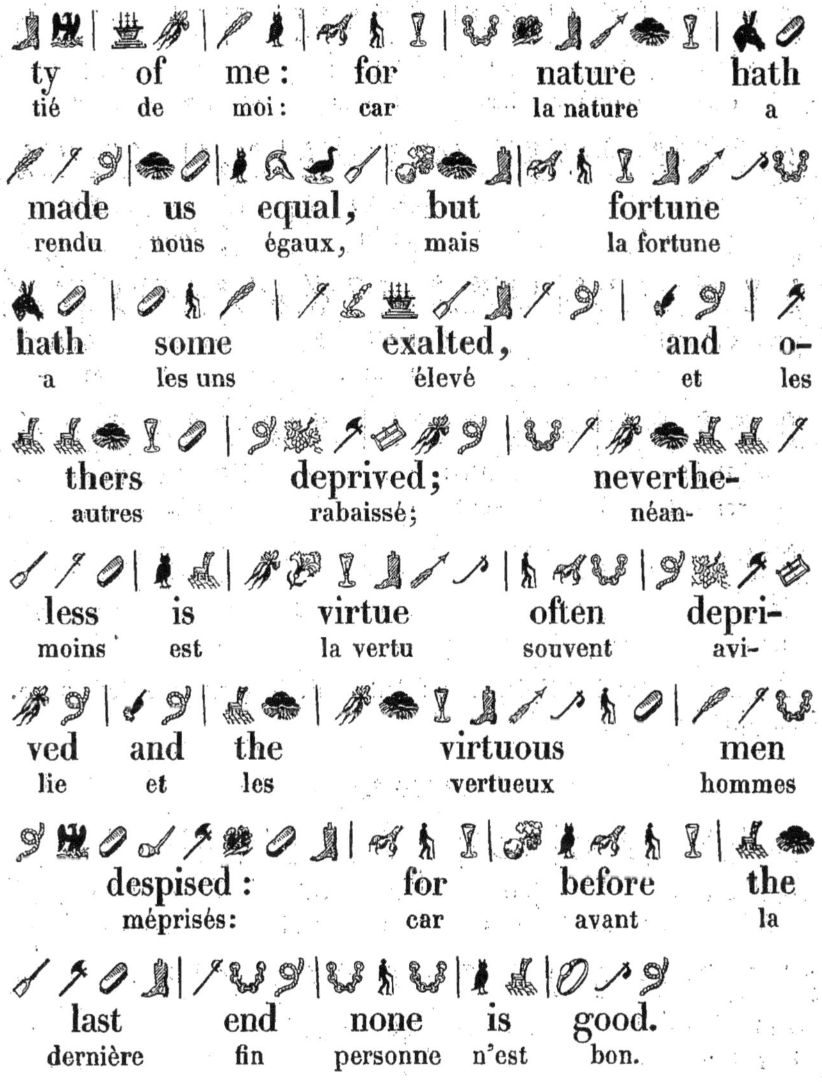

Encores moins, respondist Pantagruel. Adoncques dist Panurge:

ESPAGNOL.

Señor, de tanto hablar yo
Seigneur, de tant parler je

estoi cansado; pues yo su-
suis fatigué; donc, je su-

plico a vuestra reveren-
pplie à votre révéren-

tia que mire a los precep-
ce qu'elle considère à les précep-

tos evangelicos, para
tes évangéliques, pour

que ellos movan vuestra re-
que ils meuvent votre ré-

verentia a lo que es de
vérence à ce qui est de

concientia; y si ellos
conscience; et si ils

non bastaren, para mo-
ne suffisent pour émou-

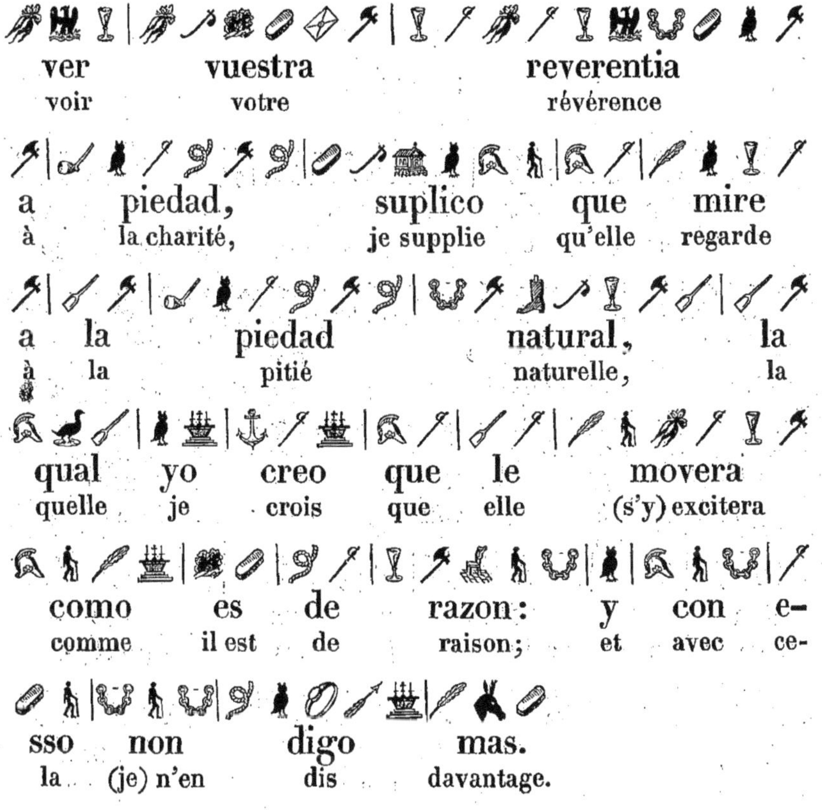

A quoy respondist Pantagruel : Dea, mon amy, ie ne fayz doubte aulcun que ne sachez bien parler diuers languaigcs, mais dictes nous ce que vouldrez en quelque langue que puissions entendre. Lors dist le compaignon :

GREC.

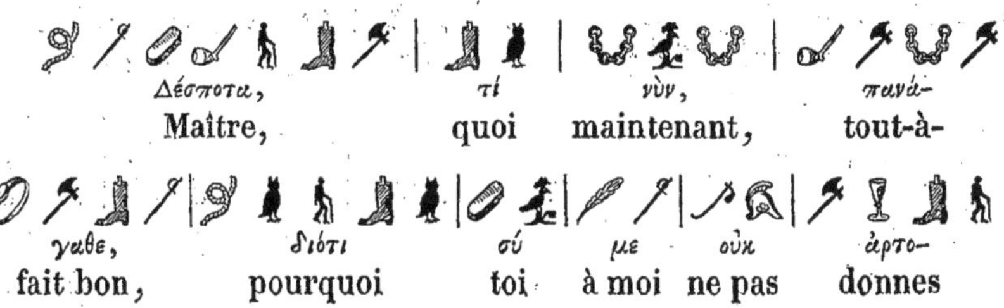

δοτεῖς;
du pain?
ὁρᾷς
tu vois
γὰρ
car
λιμῷ
par la faim
ἀ-
ναλισκόμενον
perdu
ἐμὲ
moi
ἀθλί-
malheu-
ον,
reux,
καὶ
et
ἐν
dans
τῷ
le
μεταξὺ
intervalle
με
de moi
οὐκ
ne pas
ἐλεεῖς
tu as pitié
οὐδαμῶς·
nullement:
ζητεῖς
tu demandes
δὲ
mais
παρ'
de
ἐμοῦ
moi
ἃ
ce que
οὐ
ne pas
χρῆ.
il faut.
Καὶ
Et
ὅ-
ce-
μως
pendant
φιλόλογοι
les savants
πάντες
tous
ὁμολογοῦσι,
conviennent,
τοτὲ
alors
λόγους
les discours
τε
et
καὶ
et
ῥήματα
les paroles
περίττα
superflues
ὑπαρχεῖν
être,
ὁπότε
lorsque
πρᾶγμα
une chose
αὐτὸ
d'elle-même
πᾶσι
à tous
δῆλόν
évidente
ἐστι.
est.
Εν-
Là
θὰ
γὰρ
car
ἀναγκεῖοι
nécessaires
μόνον
seulement

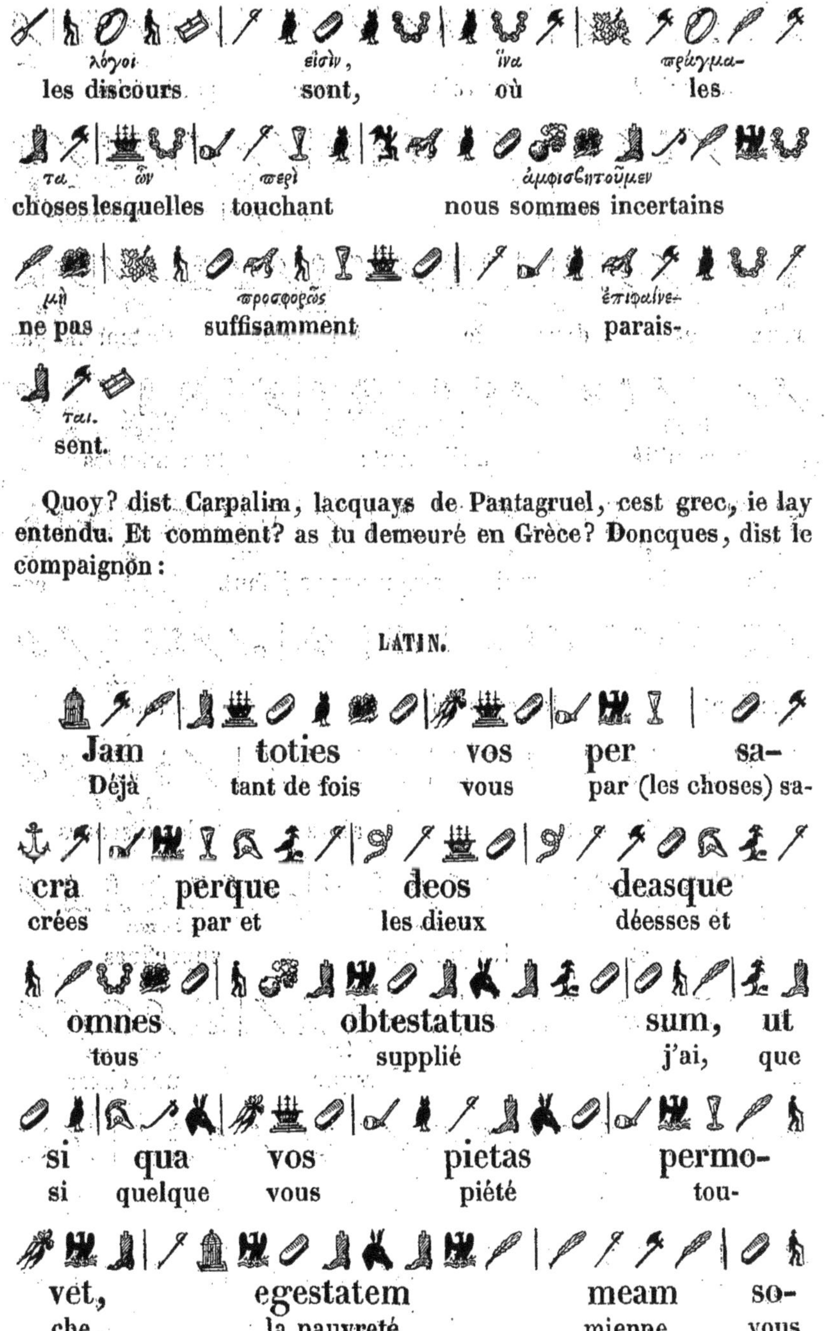

λόγοι εἰσὶν, ἵνα πράγμα-
les discours sont, où les

τα ὧν περὶ ἀμφισβητοῦμεν
choses lesquelles touchant nous sommes incertains

μὴ προσφόρως ἐπιφαίνε-
ne pas suffisamment parais-

ται.
sent.

Quoy? dist Carpalim, lacquays de Pantagruel, cest grec, ie lay entendu. Et comment? as tu demeuré en Grèce? Doncques, dist le compaignon :

LATIN.

Jam toties vos per sa-
Déjà tant de fois vous par (les choses) sa-

cra perque deos deasque
crées par et les dieux déesses et

omnes obtestatus sum, ut
tous supplié j'ai, que

si qua vos pietas permo-
si quelque vous piété tou-

vet, egestatem meam so-
che, la pauvreté mienne vous

laremini, nec hilum profi-
soulagiez, ni en rien je

cio. Sinite, quæso, sini-
profite. Permettez, je prie, permet-

te, viri impii, quo me fata
tez, hommes impitoyables, où moi destins

vocant abire, nec ultra va-
appellent partir, ni davantage vai-

nis vestris interpella-
nes vôtres interpella-

tionibus obtundatis, me-
tions fatiguez (moi) vous

mores veteris illius
souvenant ancien de cet

adagii, quo venter fameli-
adage, par lequel ventre affa-

cus auriculis carere di-
mé d'oreilles manquer est

citur.
dit.

Dea, mon amy, dist Pantagruel, ne scauez vous parler francoys?

Si foyz tres bien, seigneur, dieu mercy: cest ma langue naturelle et maternelle; car ie suys né et ay esté nourry ieune on iardin de France, cest Touraine. Mon vray et propre nom de baptesme est Panurge. . . . .

. . . .

TRADUCTION DES RÉPONSES DE PANURGE.

Version des Phrases Allemandes.

Version des Phrases Italiennes.

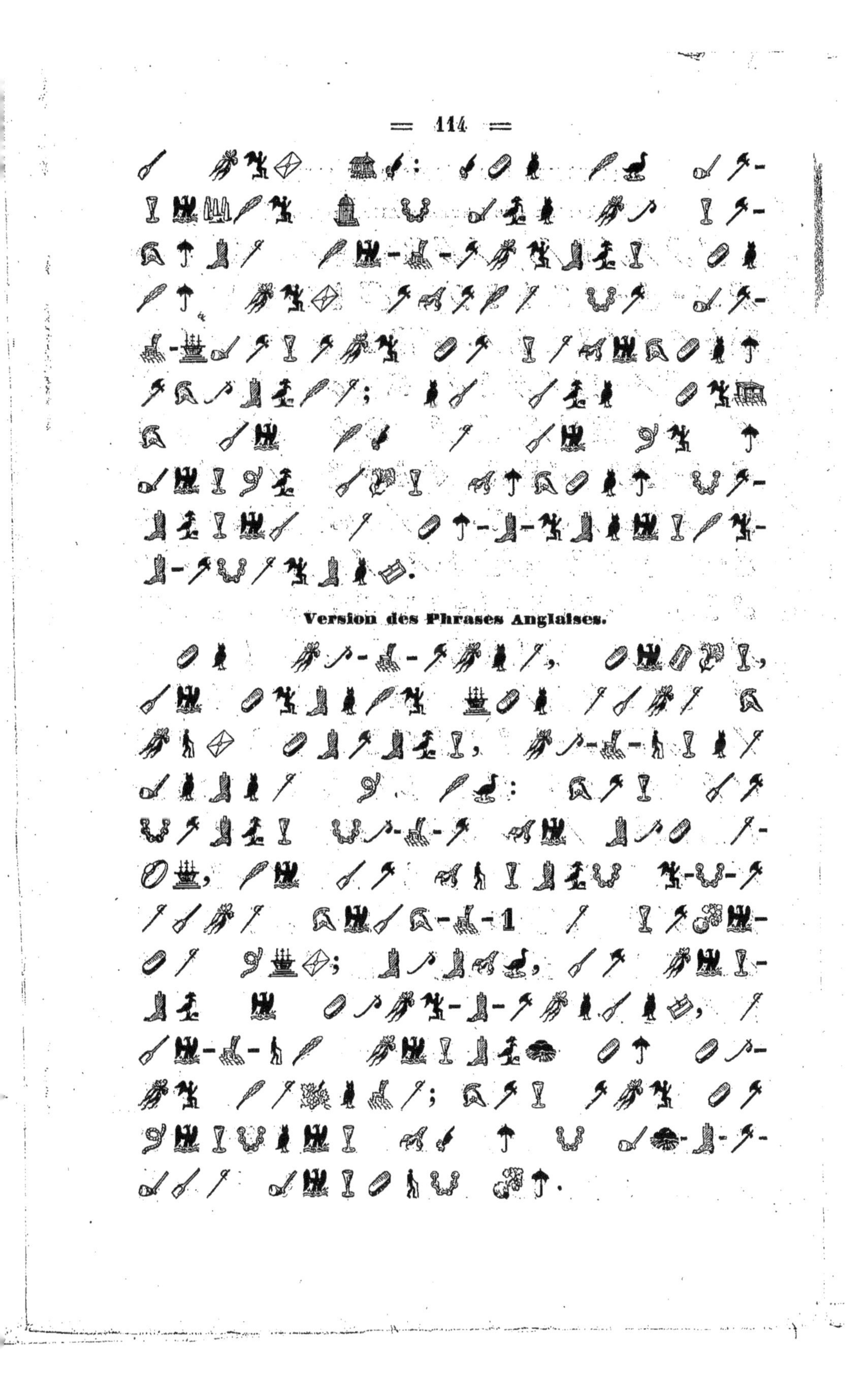

Version des Phrases Anglaises.

Version des Phrases Espagnoles.

Version des Phrases Grecques.

Version des Phrases Latines.

EMBLÈMES, DEVISES,

SYMBOLES.

ÉCRITURE EMBLÉMATIQUE ET MONUMENTALE.

Blason, Devises, Symbolisme.

Une main successivement ouverte, à la façon des Chaldéens, ou comme un Italien qui joue à la mourre, présente des signes de nombre. Que cette main reste fermée avec l'index étendu : c'est un emblème indicateur. Si ce doigt est posé sur la bouche, nous voilà dans les symboles. Deux mains jointes peignent le suppliant; enlacées, la foi promise; liées, l'esclavage; imposées, la bénédiction, etc. Nous ne pensons, parlons, agissons que sous l'influence des choses; et les images seules de ces choses prennent toutes les qualités essentielles de l'être, en nous montrant un corps dans leurs formes, une parole dans leurs noms, un esprit dans leurs attributs. Ainsi, douées d'une organisation complète, ces figures composent des tableaux pleins de vie, représentent des scènes naturelles, où les acteurs pensent, parlent, agissent; et, semblables à des lettres intelligentes, se groupent, se mélangent pour former des phrases sublimes, de la même manière que nos A, nos B, nos C, forment des mots dans leurs agrégations.

Mais si l'on isole ces divers agents de la peinture et de l'écriture, la lettre fantastique s'évanouit comme une ombre; tandis que chaque image conserve la même puissance dans ses rapports intelligentiels : quelles que soient leurs combinaisons, chacune de ces images a toujours son ame, sa parole et son corps. De semblables éléments ne pourraient-ils créer une peinture écrite ou une écriture peinte, qui expliquât le sujet hiéroglyphique à l'œil, comme on dit un secret à l'oreille, qui formât une espèce de gravure avant la lettre, et où la lettre se trouverait mystérieusement cachée, comme ces portraits que l'on finit par découvrir tout-à-coup dans les découpures de feuillage, dans les profils d'ornements de certains tableaux, semblables à la gravure mystérieuse qui représente le tombeau de Louis XVI?

N'y aurait-il pas quelque chose d'analogue à ce genre, dans ces sujets égyptiens à nombreux personnages chargés d'attributs d'arts et de cultes, attributs qui étaient peut-être les seuls signes parlants, et dont la variété, en même temps que le retour fréquent, semble leur assigner un rôle syllabique? Ce qui expliquerait assez bien cette prodigalité de figures et la facilité de leur disposition symétrique, si elles n'étaient que des marques d'honneur dans la représentation de cérémonies religieuses, et si leur valeur phonétique et changeante ne résidait que dans leur coiffure variée et dans les nombreux symboles que ces prêtres tiennent dans leurs mains.

Quoi qu'il en soit de la manière égyptienne, il est évident que nous pourrions imiter avec nos hiéroglyphes tout ce qu'ils ont fait avec les leurs : emblèmes, écriture monumentale, décorations, bas-reliefs; nous pourrions tout franciser, tout, jusqu'à la table isiaque, où l'on retrouverait placés dans le même ordre les mêmes personnages, mais chargés d'attributs différents qui auraient la toute-puissance de nos hiéroglyphes littéraux. Et pour rendre cette démonstration plus claire, malgré la frivolité du sujet, je vais donner l'explication textuelle des planches qui suivent : heureux si ces amusements philologiques ou plutôt figuratifs dérident le front de quelques penseurs, et deviennent une occupation pour ceux qui ne sont pas autrement occupés.

PLANCHE 7.

FIG. 1. Spécimen d'une écriture mixte dans laquelle tous les objets figuratifs dont les noms entrent dans la phrase sont représentés avec leur valeur entière, pourvu qu'ils soient entourés d'une ligne qui en fait autant de petits cartouches ou médaillons. (1) AU*tel* *sa*BR*e* *h*U*re* *h*I*bou* *gour*D*e* *h*U*re* FOUET *gour*D*e* E*pée* ROUES *gour*D*e* E*pée* CHEVAUX *gour*D*e* E*pée* CHARIOTS *cas*QU*e* *h*I*bou* *ver*R*e* *h*OU*e* *pel*L*e*.

FIG. 2. Ce groupe, que l'on pourrait prendre pour les Graces, représente trois femmes tenant trois épées : E*pées* *fem*M*es* E*pées*, qui dans leur ordre circulaire, reproduisent, dans quelque sens qu'on le lise, le mot *Aimez*, espèce d'oracle de la dive bouteille, en réponse à la légende hiéroglyphique, *Ce qu'il faut pour être heureux*.

FIG. 3. Ces trois *h*O*mmes* le *ver*R*e* en main, lus de gauche à droite, rappellent ce mot de Richelieu, qui résumait les trois choses indispensables *pour faire la guerre* : la différence du métal n'est qu'une nécessité du progrès.

PLANCHE 8.

FIG. 1. La symétrie de cette frise est due à la propriété du vers ré-

(1) Lire par les majuscules.

Pl. 7 ÉCRITURE EMBLÊMATIQUE

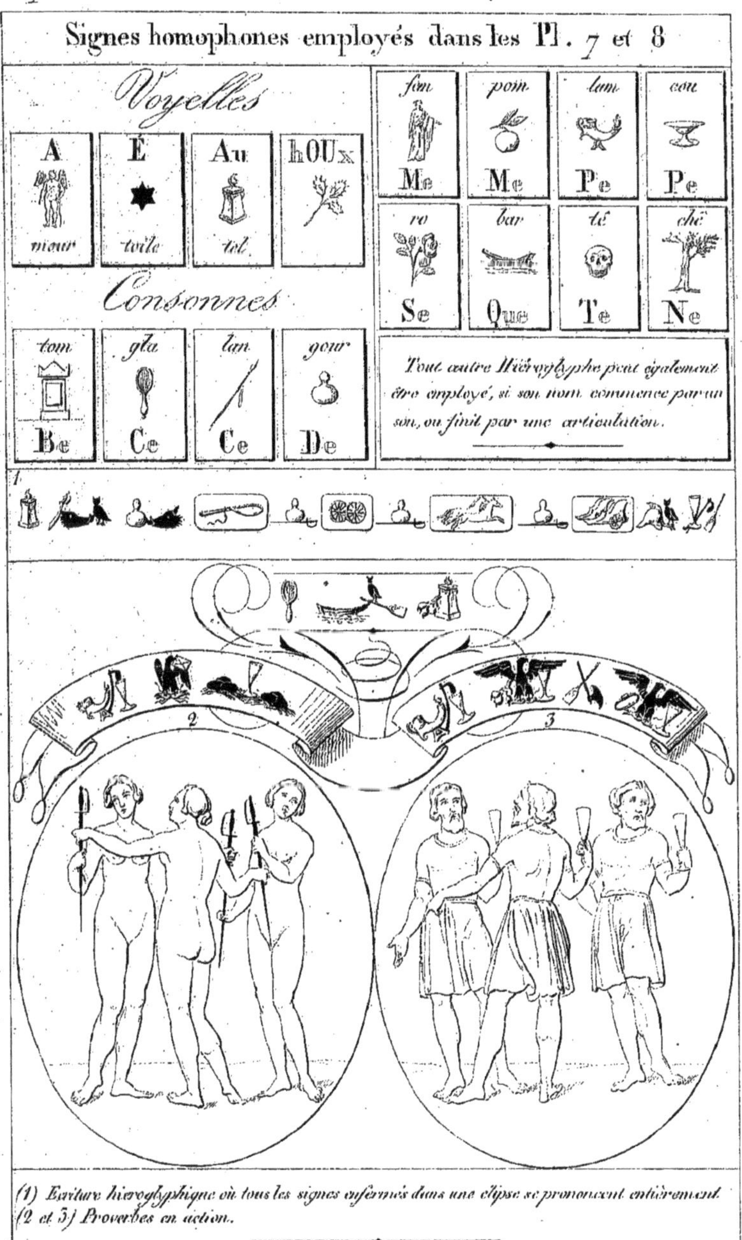

(1) Ecriture hiéroglyphique où tous les signes enfermés dans une elipse se prononcent entièrement.
(2 et 3) Proverbes en action.

Regle générale. Lire toujours de gauche à droite, et pour les signes superposés de haut en bas.

Pl. 8

(1) Vers latin retrograde. *Roma tibi subito motibus ibit amor.* (Sydoine.)

2 et 4 *Sentences de Bias et Pythagore.*

3, 5, 6, 7, *Tableaux phonétiques.* 8 *Emblême CXIII de César Ripa.*

trograde, qui permet de lire de gauche à droite aussi bien que de droite à gauche. Celui-ci, qui est de Sidoine Apollinaire, peut servir de modèle du genre.

verRe hOmme palMe hAche, têTe hIbou tomBe hIbou, lanSe hUre tomBe hIbou têTe Otel, femMe Otel têTe hIbou tomBe hUre lanSe, hIbou tomBe hIbou têTe, hAche palMe hOmme verRe.

L'orthographe des mots *autel* et *lance* a été sacrifiée par respect pour le texte latin.

Fig. 2 et 4. Ces sentences de Bias et Pythagore méritent d'être déchiffrées.

Fig. 3 et 5 ne renferment que la signature de l'auteur.

Fig. 6. Ce retable, d'un assez mauvais goût en apparence, trouvera sans doute grace dans sa décomposition. Voici comment les hiéroglyphes doivent être lus:

pelLe Epée roSe, ANge caGE, glaSe OMbrelle, gourDe Epée, grifFe hAche femMes, pelLe Epée, grifFe hAche femMe, glaSe OMbrelle, gourDe Epée roSe, ANge caGE.

Fig. 7. On a déjà reconnu le sujet, quoique un peu défiguré par certains attributs, tels que le verre de champagne, véritable anachronisme, et la gourde peut être choquante dans la main de l'amour, quoiqu'il sache tout embellir. C'est le seul personnage mythologique dont le nom soit conservé, grace à ses ailes. Et par un retour naturel des choses de ce monde, Vénus n'est plus ici qu'une *femMe;* le mourant, un *hOmme* tenant un *verRe;* puis une *gourDe* dans la main de l'*Amour* une *corDe* un *AUtel* une *chaîNe* un *hIbou* et une *lanCe.*

Fig. 8. INdex glaCe hIbou, pelLe hAche femMe hOUe verRe, glaSe Amour pelLe hUre palME, AUtel, casQue hEUre verRe. Ce dernier emblème est le plus défectueux par sa disposition et l'emploi du signe ●, qui n'a qu'une valeur indirecte et de pure convention, en lui faisant rappeler ce qu'il indique, *heu-re,* défaut que l'on retrouve dans une autre vignette du frontispice. Ces deux planches se ressentent d'ailleurs de la précipitation avec laquelle elles ont été gravées, comme premiers essais. Mais si l'on considère le changement que la simple addition de seize signes homophones vient d'apporter dans cette écriture, on jugera du parti que l'on pourra tirer des centaines d'hiéroglyphes à introduire. Cet alphabet est désormais sans limites : car tous les noms figuratifs peuvent y remplir le rôle de lettres ou de syllabes, sans rien changer au principe du *commencement* et de la *fin*, puisque les monosyllabes, qui ne peuvent être fractionnés, y entrent pour leur valeur entière, et les polysyllabes pour leur valeur initiale ou finale. C'est toujours la division vocale du mot qui exprime la valeur phonétique, et jamais le morcellement de la figure (lettre ou image), morcellement qui choquerait l'œil, comme tous les exemples graphiques où l'on sacrifierait l'orthographe à la prononciation.

Il reste à réunir ces radicaux ou désinences phonétiques en un dictionnaire spécial des êtres et des choses, présentant ces portraits mnémoniques, leurs emblèmes ingénieux, enseignant la césure des mots avec ces rimes figuratives. Ce livre, qui manque à nos bibliothèques amusantes, aurait peut-être son côté instructif, surtout s'il renfermait, comme autrefois, toute la philosophie des anciens; et puisque les formes, les caractères et les attributs sont immuables, pourquoi n'y retrouverait-on pas le même esprit? Ce sont les mêmes symboles que nous trouvons bizarres et sévères sur les monuments égyptiens, grimaçants dans les croquis de Callot, ridicules dans nos rébus et nos almanachs, éparpillés sur les écus de nos blasons, suaves dans les tableaux de Raphaël; ce sont les mêmes animaux qui peuplent la terre, les mêmes signes qui décorent le ciel, et qui sont, suivant Ennius, *les gravures éclatantes et variées de l'admirable bouclier du monde* (1).

La langue héraldique n'a-t-elle pas tiré aussi du Levant ses symboles et ses émaux? Et chaque écusson, ainsi chargé de ces doubles hiéroglyphes, ne ressemble-t-il pas à des pierres arrachées aux murailles d'Egypte, en expliquant assez, par cette solution de continuité, pourquoi cette écriture n'offre plus aucun sens à l'œil et à l'esprit.

La lettre, avec sa forme arbitraire et mesquine, ne pouvait suffire aux grands noms; elle est bornée, sans voix pour la louange, c'est l'idiome d'un petit pays, un écriteau vulgaire que les ignorants tronquent en l'épelant. Il fallait de plus puissants caractères pour peindre les individus dont le nom remplissait alors le monde; et l'hiéroglyphe s'est naturellement présenté avec sa noble origine, ses formes gracieuses, et son style mystérieux.

Cependant l'usage de ces nouveaux symboles a fait tomber dans le défaut opposé à la devise nominale, laquelle n'offrait qu'une ame sans corps. Celle des images est devenue un corps sans ame, excepté toutefois dans les armes parlantes, qui opéraient cette réunion virtuelle.

(1) Clypeo, miris fulgoribus variata cælamina. (*De Deo Socratis.*)

En faisant le mot sur la chose, on obtenait ainsi la représentation du nom et le souvenir de la qualité individuelle : ainsi de l'échelle, des ours, de la flamme, qui sont devenus les armes parlantes des Scala, des Ursins, des Flammen, etc. Mais que d'emblèmes équivoques ou ridicules quand ils peignaient la figure sur le nom! témoin les tisons, les bois de cerfs, le caleçon de la maison d'Abenbrouch, etc. D'ailleurs, que d'épées tombées entre les mains de prélats, de mitres sur le chef de guerriers, de symboles de servitude, de chaînes et d'entraves, qui ne sont plus du siècle! Et puisque la trace originelle des noms est pour ainsi dire effacée, et que toutes ces figures semblent aujourd'hui fantastiques, illusoires, ne pourrait-on pas régénérer avec nos hiéroglyphes ce système ingénieux de blasonnement, en écrivant les noms sur quelques pièces de l'écu, ne fût-ce qu'en pointe? Ce seront toujours des *barres*, des *bandes* et des *chevrons* : il n'y aura rien de changé, pas même le langage; mais au moins on pourra lire ces noms, et chaque lettre qui le compose fournira un hiéroglyphe qualificatif pour la louange et le blâme : car c'est ainsi que la noblesse a sans doute entendu la puissance du nom et les moyens de l'illustrer ou d'en faire bonne justice, de l'effacer avec de la boue ou de l'écrire en lettres d'or.

C'est là le but des acrostiches, des anagrammes, des signes mystérieux qui servaient à blasonner les individus, comme nos bons aïeux le faisaient encore d'une manière plus caractéristique, à l'imitation de l'Egypte, en affublant de têtes de bouc, de singe et d'âne, jusqu'aux statuettes de leurs bons moines, ce qui nous les a fait prendre à tort pour des diablotins.

Si l'on s'est tant occupé des noms, malgré leur apparente futilité, c'est qu'ils ont une valeur intrinsèque et incalculable dans le *moi*. Ce ne sont que des ombres en apparence; mais elles représentent les corps; et s'attaquer à ces corps, c'est toucher aux effigies. Aussi, croyant avec Brantôme à l'importance des noms, et plein de respect pour ceux blasonnés dans la planche ci-contre, j'ai hâte de déclarer que ces armes ne sont parlantes que sous le rapport phonétique, n'ayant pris d'autre soin que d'en bannir tout signe désobligeant. S'il se rencontre quelque allégorie ou analogie flatteuse, le hasard ne m'aura jamais assez bien servi. Je n'ai voulu changer ni l'ordre ni le nombre de ces élus du nouveau Manuel du Blason (page 255), auxquels j'ai cru devoir ajouter toutefois l'ingénieux poète qui, le premier, s'est avisé de rajeunir les armoiries de ses frères en poésie, et le noble pair, ami des sciences, sous les auspices duquel ce code héraldique vient d'être publié.

Fidèle à mon système explicatif, voici les éléments phonétiques de ces noms, en usant, pour la régularité des mots dont ils sont extraits, du droit consacré par l'expression proverbiale : *Les noms propres n'ont point d'orthographe.*

PLANCHE 9.

FIG. 1. (*en chef*) pyramiDE. (*en pointe*) flèCHe Amour comèTe AUtel saBRe hIbou ANge.

FIG. 2. (*en chef*) pyramiDE. (*en pointe*) perLes Amour MARteau TIgre luNE.

FIG. 3. (*en chef*) louVe hIbou masQue têTe hOmme verRe. (*en pointe*) HUre baGue Os.

FIG. 4. (*en chef*) Amour pelLe cofFRe AIgle corDe. (*en face*) grenaDE. (*en pointe*) glaiVe hIbou cyGNe hIbou.

FIG. 5. (*en chef*) SINge brouetTE BEUfs raVE.

FIG. 6. (*en chef*) Agneau pouLe AIgle obélisQue caliCe ANge caDRE. (*en pointe*) herSe hOUlette femMe AIgle.

FIG. 7. (*en chef*) hAche sauLe AIgle casQue lanCe ENfant caDRE. (*en pointe*) orGUe hIbou lyRe AUtel.

FIG. 8. (*en chef*) flèCHe Amour verRe bouLE couronNe hOmme corDe hIbou Ecu.

FIG. 9. (*en chef*) Amour perLes AIgle barQue SANglier fouDRE. (*en pointe*) pyramiDe hUre femMe Amour lanCe.

FIG. 10. (*en chef*) Amour échelLe cofFRe AIgle pyramiDe. (*en face*) grenaDE. (*en pointe*) femMe hUre balanCe AIgle.

FIG. 11. (*en barre*) saBRe hIbou roSe EUillet.

FIG. 12. (*en chef*) ANge glaCE tourterelLes AUtel.

FIG. 13. (*en chef*) caJe hUppe sauLE. (*en pointe*) sauLE giraFe AIgle chèVRE.

FIG. 14. (*en chef*) pyramiDE. (*en pointe*) gerBe Amour cymbaLe roSe Amour barQue.

FIG. 15. (*en chef*) sinGe hUre pouLE. (*en face*) grenaDE. (*en pointe*) lyRe AIgle glaCe AIgle baGue hIbou Epée.

1
2
3
4
5
6
7
8
9
10
11
12
13
14
15
16
17
18
19
20

MACÉDOINE

Fig. 16. (*écartelé : au* 1er) Epée femMe hIbou bouLE. (*au* 2e) AIgle. (*au* 3e) ANge trompetTe hOmme chaîNe hIbou. (*au* 4e) pyramiDe Epée torCHe ANge.

Fig. 17. (*en canton dextre du chef*) grenaDE. (*en barre*) glaiVe hAche étoiLe glaCe.

Fig. 18. (*en chef*) lyRe hOmme anGe Etoile. (*en face*) grenaDE. (*en pointe*) gerBe AUtel louVe OIseau lyRe.

Fig. 19. (*en chef*) pyramiDE. (*en pointe*) BOa CHÈvre chêNE.

Fig. 20. *écartelé au* 1er *d'une* licorNe un AUtel. (*au* 2e) *une* pyramiDE. (*au* 3e) CHANdelier. (au 4e) LOUve hIbou.

Voilà, pour me servir des expressions de M. Emile Deschamps, une première liste « de cette nouvelle noblesse de l'imagination et de l'in» telligence, de cette chevalerie contemporaine, qui a, comme l'an» cienne, ses tournois et ses combats, et aussi ses *amours* : nous l'es» pérons bien pour elle.... »

C'est ce qu'il appert déjà par mes croquis emblématiques, où se montrent pêle-mêle tant d'anges et d'amours bien moins gracieux que cette pensée, mais qui pourront en inspirer d'autres et faire rêver des combinaisons plus heureuses : car rien n'est plus susceptible de métamorphose que ce blasonnement. Il ne faut d'autre baguette que le crayon de l'artiste, d'autre grimoire qu'un Dictionnaire, pour faire parler les êtres et les choses, donner une forme sentencieuse à nos tapisseries, un langage réel aux fleurs, transformer, enfin, chaque objet que l'on touche en instrument de la pensée, en agent de la parole, comme Midas changeait tout en or. Quoi de plus simple, en effet, que d'écrire avec les objets qui tombent sous les mains, de grouper des fruits qui s'adressent d'eux-mêmes, de faire des bouquets acrostiches, nouveaux sélams, moins allégoriques sans doute que ceux de l'Orient, mais plus précis : car ceux-ci n'ont jamais indiqué l'heure du berger comme ferait ce bouquet (planche 10) composé de *grenaDe* d'*Immortelles* de *roSe*, d'*EUillet* de *lierRE*; comme serait, dans un autre genre, ce spécimen de *carte de visite* que je ne destine pas exclusivement à mon libraire, soit dit sans le fâcher, et qui peut remplacer si agréablement la gothique, l'anglaise, participant du sélam, du blason, pouvant servir d'épithalame, de lettre de condoléance, etc.

Tel est encore ce spécimen d'un tableau de genre à quatre personnages, dans lequel un roi de Babylone, célèbre par sa métamorphose, se croyant devenu bœuf dans un accès de lycanthropie, cherche à frapper les assistants avec ses cornes illusoires. Cette petite scène se lit ainsi :

*trô*Ne *hA*che *ger*Be et hU*ppe* (gravées sur un soubassement); *casQue*, *hO*mme *cor*De 2e *hO*mme *couron*Ne 3e *hO*mme *va*Se 4e *hO*mme et *ban*-*niè*Re.

Passant ensuite de l'emblème historique à la devise corps et ame, on trouvera dans ces deux signes du zodiaque, placés selon leur ordre naturel, *sagittai*RE, et *capricor*Ne, dans l'AI*gle* renouvelant ses plumes au soleil, puis cette *gla*Çe qui reflète le passé, et cet AN*ge* qui lit l'avenir dans l'autre *gla*CE, un mot qui doit faire battre bien des cœurs. Et la devise qui l'accompagne semble en être le corollaire : car elle montre la religion prêtant son appui à la philosophie, et consacrant la pensée la plus consolante pour l'humanité avec les symboles sacrés de la CROI*x*, du *cali*CE, de la *gla*Ce de la vérité, et du *h*I-*bou*, emblème de la sagesse.

Dégagez l'hiéroglyphe de ces entraves linguistiques : alors son langage est universel. Il reprend sa vertu native, redevient la poésie des poésies, et nous élève dans une région éthérée, dans un monde fantastique, où tout ce que nous avons cru réel n'est plus qu'une image, une ombre, et où ce qui semblait imaginaire paraît maintenant réel. Au rêve de la vie succède la vie du rêve. Nouveau Protée, l'hiéroglyphe emprunte toutes les formes, non pour nous échapper, mais afin que nous puissions mieux le saisir. Tantôt, aigle rapide, il nous indique, comme une flèche lancée, le but de l'humanité, la patrie céleste où s'agglomèrent les générations. Abeille intelligente, fourmi laborieuse, il nous enseigne les arts, le travail et la patience. Chien fidèle, il sert de modèle à la fidélité. Il nous montre l'hypocrisie cachant son visage sous un masque, le doute avec un bâton et une lanterne, le fanatisme avec un poignard et un bandeau. Coupe de Socrate, il ne fait que passer dans les mains d'Anacréon pour peindre tour-à-tour la douleur et le plaisir. Du calice d'une fleur il fait un emblème sacré; avec une ancre il jette l'espérance au cœur. Il enseigne l'obéissance par un joug, la tempérance par une bride, la chasteté par une ceinture. Serpent, il est le symbole de l'immortalité des espèces et de la santé des individus. Des fleurs, une gerbe, quelques fruits, une flamme : voilà les saisons; et l'éternité qui les renouvelle, se manifeste à nous, malgré son incompréhensibilité, dans une simple ligne, dans le cerceau d'un enfant. La triple puissance de la nature est représentée dans un triangle où brille un regard mystérieux, œil de bonté, œil de justice, qui embrasse l'univers; et le créateur de l'univers lui-même se révèle à notre adoration dans une grappe de raisin, dans un épi de blé.

Seules traditions intelligibles des peuples et des cultes, les symboles viennent expliquer les mystères au lieu de les obscurcir, en nous rendant visible ce qui est invisible, palpable ce qui est sans corps, en agissant sur la durée comme les télescopes agissent sur l'espace. C'est par eux que nous apprendrons peut-être un jour le secret de toutes les allégories religieuses puisées dans le culte primitif, et retournant se confondre par mille sentiers dans l'unité de la pensée humaine, qui s'est servie de symboles différents pour exprimer les mêmes choses, comme les nations emploient des lettres différentes pour écrire un même mot. Alors nous comprendrons sans doute les emblèmes de ce cœur suspendu dans nos chapelles, de ces pampres, de ces épis, de ces feuilles de lotus; et nous verrons l'ineffable promesse d'une autre vie écrite sur l'hiéroglyphe de la croix. Il servira de symbole pour garantir l'inviolabilité du serment; on ne le prêtera plus sur des reliquaires vides, sur une tête que l'on sait bien ne pas devoir perdre en cas de parjure, sur des mânes sacrés dont on ne craint pas de troubler la cendre, enfin sur aucun des objets qui nous sont chers en ce monde : car le lendemain peut trahir le serment et l'amour; mais on prendra pour seul témoignage de ce qui se passe dans le fond du cœur le juge de tout mensonge, l'emblème de toute vérité!...

CONCLUSION.

Si vous ne devenez semblables à de petits enfants, vous n'entrerez point dans le royaume du Ciel.

S. Matthieu, ch. XVIII.

On a vu l'hiéroglyphe, parcourant le cercle des connaissances humaines, expliquer, au moyen d'un seul principe, la plus simple des théories appuyée d'exemples ou plutôt de résultats; et c'est à peine s'ils sont démontrés, que déjà la critique, tournant la médaille, attaque à outrance, non pas le pouvoir des images, mais les conséquences de leur application.

Et parce qu'elles se prêtent admirablement au langage et aux goûts des enfants, on les accuse de nous ramener à la barbarie des premiers temps, au bégaiement des peuples primitifs. On dénonce le système comme subversif de toute écriture, en faisant de chaque lettre un dessin compliqué comme le personnage d'un tableau. On montre au doigt ces nombreuses figures, qui expriment à peine quelques phrases dans une page. On raille la lente parole du lecteur; et, ne voyant enfin dans toutes ces configurations que des entraves pour l'imagination et la pensée, on va jusqu'à les accuser de détruire tous les alphabets connus, au lieu de les interpréter!

Quant à cette épellation du premier âge, croit-on qu'elle puisse jamais changer, puisque c'est la nature qui l'enseigne? Et une méthode qui suit cette marche invariable, n'est-elle pas le véritable enseignement de l'enfance, plutôt que l'enfance de l'enseignement? Vaut-il mieux aller de l'écriture à la parole avec des signes arbitraires et muets, que de descendre de la parole à l'écriture avec des signes parlants?

Ils ne sont point cursifs assurément: mais qui songe à les écrire, quand ils se consacrent uniquement à la lecture? Et sans parler des cachets, des poinçons, qui pourraient si aisément multiplier leurs empreintes, la presse ne dispose-t-elle pas à son gré de ces figurines comme des caractères de fonte auxquels on peut si bien les associer?

S'agit-il de l'espace? C'est le fond qui manque le moins. Que les écrivains du jour réduisent leurs alinéas pointillés, ces blancs poétiques, ces interlignes luxueux, ces marges éblouissantes, qui semblent destinés à ceux qui ne savent pas lire; que l'on concentre la matière, resserre le style, supprime les considérants : et la question se trouve résolue dans un double intérêt pour le lecteur, dont la pensée s'énerve et la bourse s'épuise à la lecture idéale de ces ruineux albums.

Il est sans doute des mots qui valent mieux que des phrases; mais encore faut-il qu'ils ne soient pas compris dans les réticences; et c'est ce que les nouveaux symboles forceraient d'éviter dans leur large occupation de terrain, en faisant de tout mot expressif la règle, et de la phrase insignifiante l'exception.

Si le papier vient à manquer, que de livres pourront disparaître sans danger! Combien d'autres gagneront à être refondus, réduits, ramenés à la merveilleuse concision des anciens! Et qui sait si de ce vieux linge tordu, il ne sortira pas quelque bonne philosophie quintessenciée, plus consolante, plus lucide, et plus favorable au progrès?

Qu'importe donc l'envahissement des images, si la réforme leur fait une large place, et si chaque livre devient un atlas chargé de science humaine? Ne faut-il pas lire avec lenteur pour étudier, et pour méditer avec plus de fruit, fermer quelquefois le livre, même les yeux, pour laisser développer les germes de ce monde d'idées qui n'attendent qu'un rayon de cette lumière qui est en nous? Comment, dans cette intuition secrète, dans cette contemplation sublime, de misérables figures peintes arrêteraient-elles l'essor de notre imagination? Elles ne sont que des lettres passives dont le rôle finit où commence le mot, et les très-humbles servantes de la pensée, sous quelque forme qu'elle daigne s'en servir.

Mais si parfois, lasses de matérialiser l'esprit, elles s'avisent, à leur tour, de spiritualiser la matière dans une peinture écrite, principe des beaux arts, poésie de la poésie; n'est-ce pas créer des artistes au lieu de les détruire, et faire jaillir, avec une nouvelle baguette de Moyse, d'abondantes sources pour apaiser cette soif de gravures, de vignettes, d'illustrations, qui tourmente un peuple de dessinateurs?

Que pourrait, d'ailleurs, avoir à redouter notre belle langue française, si noble d'origine, si simple, si chaste, si vulgaire, dont l'avenir est assuré par tant d'immortels écrits, et dont l'universalité semble devoir résister si long-temps à toutes les causes ordinaires de destruction?

Cependant, s'il était vrai que les hiéroglyphes fussent destinés à lui porter les premiers coups; si cette iconographie, soi-disant conservatrice et tolérante comme toute religion nouvelle, envahissait peu à peu nos abécédaires, nos livres, nos murailles, et, abolissant d'abord l'écriture sous prétexte de nous conduire au langage universel, finissait par détruire notre idiome natal en entraînant avec lui dans le gouffre notre nationalité elle-même : eh bien! où serait encore le mal?. . . . .

Si cette catastrophe amenait notre émancipation, en nous affranchissant, non pas de quelque despotisme humain, mais de cette condition humaine obscure et précaire, qui fait de la vie une énigme dont la mort ne donne pas même le mot; si nous étions assez privilégiés pour atteindre une sphère intellectuelle supérieure, d'où, planant sur cette terre de transition, l'on pût entrevoir le ciel; et si, enfin, cette riante promesse devait nous être faite dans une langue nouvelle, dont les hiéroglyphes seraient les symboles, ne serions-nous pas des ingrats en rejetant ces symboles, des insensés en méprisant leur enseignement, surtout avec cet ineffable espoir, que la génération survivante alors, et entrant comme une armée victorieuse dans cette autre terre promise, aurait le droit d'emmener *tous ses morts?*

Ce serait l'accomplissement de nos plus grands mystères défigurés par la métempsychose, symbolisés par les hiérophantes d'Eleusis, annoncés par le Verbe, prêchés par les sages de l'antiquité, et pressentis par un de nos gracieux écrivains modernes en faveur d'une nation qui sera notre rivale ou notre précurseur, si l'humanité tout entière est successivement appelée à jouir du même sort. Cette prédiction est trop remarquable; elle est si encourageante pour la pensée; elle s'allie si bien à tous les actes de la religion, de la philosophie, de la science; elle paraît, enfin, si favorable au système des hiéroglyphes, que je n'ai pu résister au désir d'en gratifier le lecteur.

Voici, mot pour mot, ce passage :

(1) « L'alphabet est le thermomètre intelligentiel de la société humaine. Où la lettre s'est arrêtée, s'arrête l'esprit. Il faut poser là, » de toute nécessité, les limites du perfectionnement, comme la » science a posé les limites de la vie à l'invariable point d'élévation » que n'a pu franchir le vol du condor. Pour obtenir davantage, le » genre humain est obligé d'attendre une autre langue qui se fera un » autre alphabet; et un autre alphabet suppose l'existence d'une autre » société, si ce n'est d'une autre espèce.

(1) *Linguistique* de Charles Nodier.

» Poussons cependant l'hypothèse de la perfectibilité aux dernières » conjectures, et voyons quel concours de lieux, de temps, de circonstances, peut réaliser un jour dans le monde connu l'introduction de l'alphabet rationnel, sans lequel il n'y aura jamais de » civilisation parfaite.

» Admettons l'existence d'un peuple qui est arrivé au plus haut » degré de perfectionnement qui soit compatible avec l'écriture radicale, isolé, par je ne sais quel instinct providentiel, du reste des » peuples progressifs qui ont inventé la lettre, et qui n'en ont pas » recueilli le fruit. Ce perfectionnement sera tout ce qu'il peut être, » matériel, industriel, mécanique, muni de tous les instruments sociaux nécessaires à sa conservation, et, pour ainsi dire, à son inamovibilité; mais il manquera de son complément intellectuel, parce » que la lettre n'y sera pas faite, parce que le verbe n'y sera pas incarné. La nation dont je parle ne sera qu'une ruche, qu'une fourmilière sublime; l'homme qu'une fourmi, qu'une abeille faite à » l'image de Dieu; et cette société exceptionnelle se maintiendra, » pendant de longs siècles, profondément dédaigneuse des autres, qui » lui rendront ses mépris.

» Cette supposition n'est pas le rêve d'un utopiste. Je n'invente pas » une civilisation, je la décris : c'est celle de la Chine.

» Le reste n'est qu'éventuel; mais il n'y a point d'éventualité logique qui ne doive s'accomplir dans le système logique de la » création.

» Admettez donc (et ceci est beaucoup plus hypothétique); admettez encore que notre Occident, tout pâle et tout usé, a conservé » lui-même une civilisation expansive et féconde, capable d'agir autrement sur le monde qu'en lui portant à grand renfort de vaisseaux » des erreurs, des maladies et des chiffons; admettez que notre commerce maritime (si vous admettez qu'il nous reste un commerce » maritime) débarque un jour sur les côtes de la Chine, au milieu de » sa cargaison de modes passées et de poupées de rebut, un homme » de génie de la trempe de Leibnitz, qui daigne se faire Chinois, » comme Pythagore se fit Tarentin; admettez, enfin, que ce prodigieux » voyageur s'avise d'y décomposer la lettre radicale, et de donner à » ce nouveau monde mieux conquis en un moment que celui de » Christophe Colomb, cet alphabet inutile pour les nôtres, qui sera » pour ses habitants l'équivalent d'un sens de plus, *le sens intellectuel;* et la question de la perfectibilité sera définitivement résolue : » car si la perfectibilité absolue est un but possible pour l'homme, » elle sera là; et si elle n'est pas là, la perfectibilité est le plus vain

» de vos songes. A la Chine ou nulle part : ne la cherchez pas ail- » leurs. »

Et pourquoi pas en France, s'il ne faut qu'agglomérer nos bourgs, nos hameaux, pour en faire des villes chinoises; s'il ne s'agit que d'entourer ces villes d'épaisses murailles pour nous isoler des autres cités? Ce vaste plan de fortification, d'enceintes continues, n'est-il pas une inspiration providentielle, plutôt que la suggestion de quelque mesquine politique humaine? Ces symboles du compas, du marteau, de la truelle, ne reprennent-ils pas leur mystérieuse puissance, en traçant, à la confusion des autres peuples, ce cercle immense autour de nos Babels pour les séparer de l'ancien monde, servir de rempart à un autre temple de Salomon, et créer un monde nouveau?

Sans doute, il nous faut des murs, des fossés, des tours, des citadelles, pour résister aux attaques réitérées des barbares civilisateurs, pour assurer notre paix profonde, et nous dérober aux regards profanes qui retarderaient peut-être notre métamorphose par leur maligne influence. La chrysalide s'enveloppe de fils nombreux, se cache à tous les yeux pour ovaler sa coque, où elle reste long-temps inactive avant de recevoir une organisation nouvelle, et de s'élancer de sa prison soyeuse avec des ailes d'azur. Ainsi de nous. Que nous manquera-t-il pour arriver à cette situation favorable, pour parvenir à l'état d'être parfait, lorsque nos relations auront été rompues avec l'univers, et qu'ainsi, paisiblement enfermés dans nos étroites limites, nous aurons vu l'hiéroglyphe dévorer nos bibliothèques, comme les torches d'Alexandrie? Quand les *griffes* paresseuses, les lents ciseaux des sculpteurs, seront les seuls moyens de transmission de la pensée, et que la parole déjà corrompue sera abandonnée à la merci des traditions : nous serons réduits alors, pour toute lecture, à épeler de rares symboles tronqués sur nos portiques, nos écriteaux, nos écrans; et, l'allégorie imagée achevant de faire justice de la lettre vicieuse et décrépite, nous attendrons patiemment, dans une vie bornée et contemplative, la lettre radicale, qui saura bien nous parvenir sans qu'il soit nécessaire d'abattre nos murailles, ni de laisser nos ports ouverts. Cette lumière nous viendra d'en haut. Etoile, météore, comète, c'est un de ces signes, c'est un hiéroglyphe céleste, qui nous annoncera notre ère nouvelle, en marquant d'un point fixe la fin du vieil homme, ou le commencement des temps.

Mais en attendant la réalisation de ce brillant rêve, et sans même attribuer tant de puissance aux images, ne saurions-nous les absoudre du mal qu'elles ne peuvent faire? Et pour mieux désarmer l'envie qui s'attaquera aux hiéroglyphes comme elle s'attaque à toute chose, ne voyons plus en eux que d'innocents joujoux entre les mains des enfants, de simples cailloux servant à délier la langue de nos futurs Démosthènes, des emblèmes, des devises, des armoiries, des rébus; hochets des grands et des petits. Et s'il nous était permis de suivre ces lettres naïves à travers leurs tribulations scolaires, leurs désappointements artistiques, vie pleine d'illusions et de désillusions, nous verrions peut-être un jour ces signes vulgaires, tristement répandus sur quelques ruines de notre vieille France, accomplir leur destinée hiéroglyphique, en faisant, comme les symboles égyptiens, le désespoir des savants d'un autre âge, semblables à ces génies incompris qui ne portent d'autre marque de gloire que celle qu'on vient graver sur leurs tombeaux.

POST-FACE.

(1) Voir page ci-contre.

INDICÉOMILIE,

OU CONVERSATION PAR LA SEULE INDICATION DES HIÉROGLYPHES.

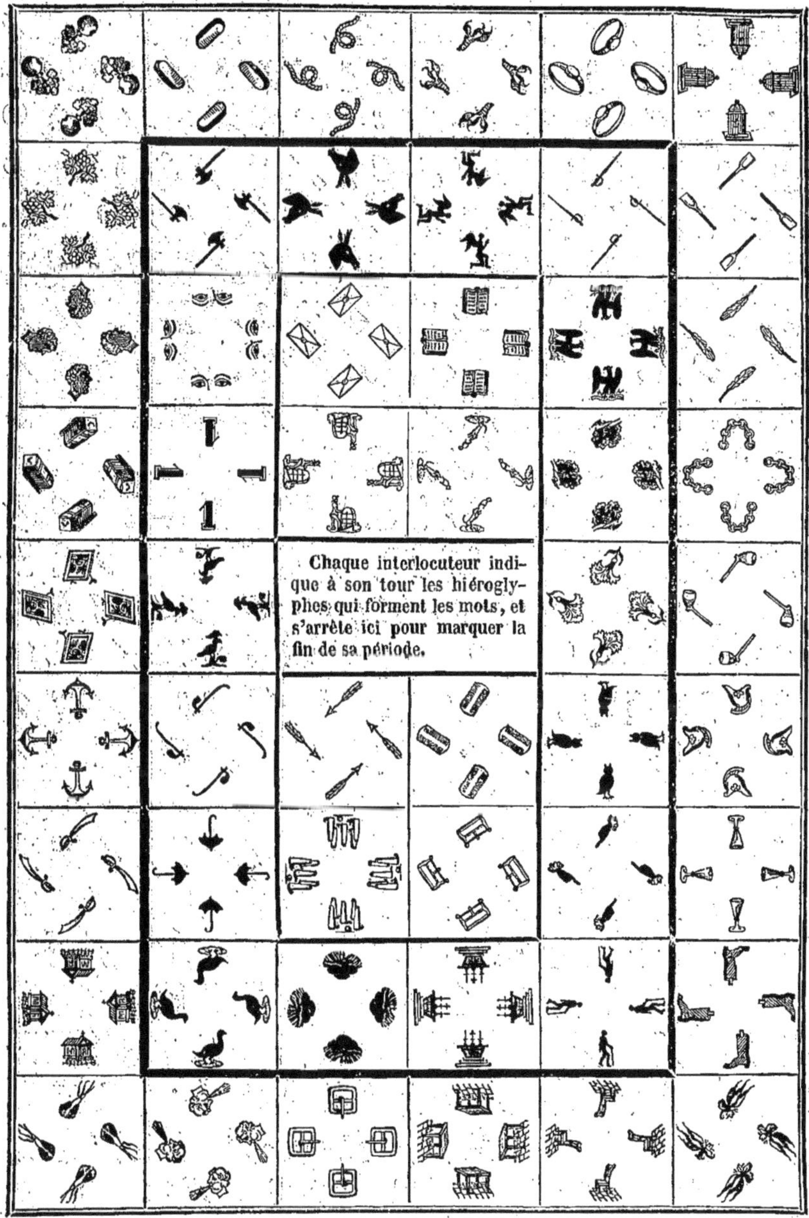

Ne pas quitter une case sans savoir où placer le style, afin que l'indication soit continue.

DIJON, IMPRIMERIE ET FONDERIE DE DOUÏLLIER.

TABLE DES MATIÈRES.

Préface hiéroglyphique, facile à déchiffrer en consultant les pages 4 et 5.... III
Introduction.... VII
Démonstration.... XI
Sténographie simplifiée.... XVII
L'art d'écrire avec des points.... XVII
Précis du système de lecture.... 3
Tableau général des sons *et* articulations *hiéroglyphiques*.... 4
Épellation (les Petites Etoiles *et* le Dimanche matin).... 7
Lecture par syllabes et par mots (Histoire de Joseph).... 13
Lecture courante (le Ver luisant, *conte de Schmidt*).... 41
Différences numériques entre l'orthographe et la prononciation.... 72
Exceptions et difficultés de la prononciation française.... 73
Figuration de quelques noms propres.... 76
Ordre alphabétique des hiéroglyphes.... 77
Lecture du latin.... 78
Guide de l'instituteur.... 80
Principes d'écriture.... 86
Orthographe des hiéroglyphes.... 87
Nouvelle cacographie sans danger pour l'élève (fables grecques).... 88
Le régulateur calligraphique (transparent n° 3).... 89
Principes de numération.... 93
Orthographe des noms de nombres.... 96
Essai sur la prononciation des langues étrangères.... 99
Allemand.... 102
Italien.... 104
Anglais.... 105
Espagnol.... 107
Grec.... 108
Latin.... 110
Traduction hiéroglyphique des versions étrangères.... 113
Écriture emblématique et monumentale.... 119
Nouveau système de blason.... 124
Conclusion.... 129
Postface hiéroglyphique, ou préface du livre sans fin.... 135
Indicéomilie, jeu des hiéroglyphes, ou muette parole, invisible écriture.... 136

FIN DE LA TABLE.

DIJON, IMPRIMERIE, FONDERIE ET LITHOGRAPHIE DE DOUILLIER.

MÈDÉNOGRAPHE.
0 1 2 3 4 5 6 7 8 9

ON TROUVE A LA MÊME LIBRAIRIE :

DIJON, IMPRIMERIE DE DOUILLIER.

www.ingramcontent.com/pod-product-compliance
Ingram Content Group UK Ltd.
Pitfield, Milton Keynes, MK11 3LW, UK
UKHW020158130726
13696UKWH00002B/592

9 782014 450415